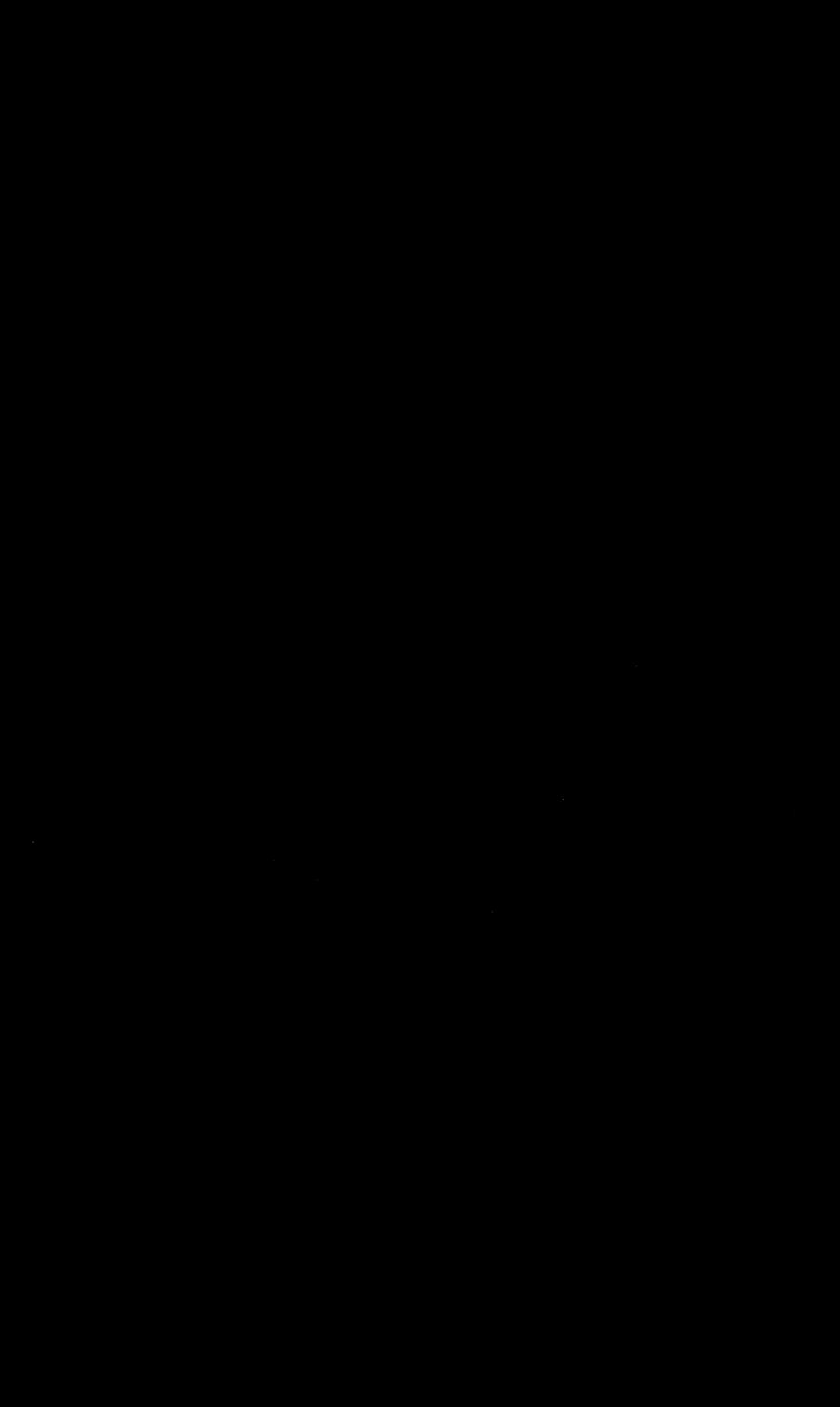

새로운 세대를 위한 마르크스 정치학 가이드

국립중앙도서관 출판시도서목록(CIP)

새로운 세대를 위한 마르크스 정치학 가이드 / 토니 클리프 지음 ;
천경록 옮김. -- 서울 : 책갈피, 2012
  p. ;   cm

원표제: Marxism at the millennium
원저자명: Tony Cliff
영어 원작을 한국어로 번역
ISBN 978-89-7966-095-1 03300 : ₩8000

마르크스 주의[--主義]

340.245-KDC5
335.4-DDC21   CIP2012004935

새로운 세대를 위한

마르크스 정치학 가이드

토니 클리프 지음 | 천경록 옮김

책갈피

Marxism at the Millennium — Tony Cliff
First published in 2000 by Bookmarks Publications
Copyright ⓒ Bookmarks Publications

Korean translation edition ⓒ 2012 by Chaekgalpi Publishing Co.
Bookmarks Publications와의 협약에 따라 이 책의 한국어 판권은
책갈피 출판사에 있습니다.

새로운 세대를 위한
마르크스 정치학 가이드

지은이 | 토니 클리프
옮긴이 | 천경록
펴낸곳 | 도서출판 책갈피

등록 | 1992년 2월 14일(제18-29호)
주소 | 서울 중구 필동2가 106-6 2층
전화 | (02) 2265-6354
팩스 | (02) 2265-6395
이메일 | bookmarx@naver.com
홈페이지 | http://chaekgalpi.com

첫 번째 찍은 날 2012년 11월 5일

값 8,000원
ISBN 978-89-7966-095-1 03300
잘못된 책은 바꿔 드립니다.

차례

일러두기

1. 이 책은 Tony Cliff, *Marxism at the Millennium* (Bookmarks, London, 2000)
   을 번역한 것이다.

2. 인명과 지명 등의 외래어는 최대한 외래어표기법에 맞춰 표기했다.

3. 《 》부호는 책과 잡지를 나타내고, 〈 〉부호는 신문과 주간지를 나타낸다. 논문
   은 " "로 나타냈다.

4. 본문에서 [ ]는 옮긴이가 독자의 이해를 돕거나 문맥을 매끄럽게 하려고 덧붙인
   것이고, 인용문에서 지은이가 덧붙인 것은 [— 클리프]라고 표기했다.

5. 본문의 각주는 옮긴이가 설명을 첨가해 덧붙인 것이다.

01

마르크스주의는 여전히 유효한가?

우리가 학교에서 배우는 역사는 황제, 왕, 장군 같은 위인들의 역사다. 나는 클레오파트라가 우유로 목욕했다고 배운 기억이 난다. 그러나 선생님은 누가 우유를 생산했는지, 얼마나 많은 이집트 어린이가 우유 부족으로 영양실조에 시달렸는지 단 한 번도 얘기해 주지 않았다. 우리는 1812년에 나폴레옹이 러시아로 진격했다는 말은 들어 봤다. 그러나 그 때문에 러시아와 프랑스의 제복 입은 농민이 얼마나 많이 죽었는지에 관해서는 들어 본 일이 없다.

《공산당 선언》은 수많은 사람들의 행동이 중요하다는 것을 분명히 밝히고 있다.

지금까지 존재한 모든 사회의 역사는 계급투쟁의 역사다. 자유민과 노예, 귀족과 평민, 영주와 농노, 장인과 직인, 한마디로 억압하는 자와 억압당하는 자들은 언제나 서로 적대했으며, 때로는 공공연하게 때로는 은밀하게 끊임없이 싸워 왔다. 그러한 투쟁은 언제나 그 사회의 혁명적 재편으로 이어지거나 아니면 투쟁하는 계급들의 공멸로 끝났다.

스탈린식 '사회주의'나 사회민주주의식 '사회주의'는 모두 위로부터 사회주의다. 스탈린주의의 경우 이것은 누가 봐도 사실이다. 스탈린이 코를 풀면 모든 공산당원이 손수건을 꺼내야 했다.

사회민주주의식 '사회주의'는 겉보기에는 민주적인 것 같지만 사실은 완전히 엘리트주의다. 평범한 사람들은 4~5년에 한 번씩 의회 선거에 투표할 수는 있지만 그 밖의 일은 다른 사람들에게 맡겨야 한다. 누군가가 평생 동안 열 번 투표한다면 그는 대략 30분 동안 민주적 권리를 행사하는 셈이다. 에이브러햄 링컨은 "반은 자유롭고 반은 노예제인 사회는 있을 수 없다" 하고 말했다. 사회민주주의 지도자들은 인민 대중이 평생 노예로 살면서 그 가운데 30분 동안만 민주주의 사회에서 살기를 바란다.

자본주의의 모순

자본주의 사회에서는 노동하는 사람들은 생산수단을 소유하지 못하고 생산수단을 소유한 사람들은 노동하지 않는다. 자본주의 사회에서 생산은 사회적이다. 노동자들은 공장, 철도, 병원처럼 많은 노동자들이 함께 모여 있는 대규모 생산 단위에서 일한다. 생산은 사회적이지만 소유는 그렇지 않다. 소유는 개인, 자본주의 기업, 국가 들의 수중에 있다.

모든 개별 생산 단위에서는 계획이 이뤄진다. 그러나 상이한 자본 단위들을 조절하는 계획은 없다. 폴크스바겐은 자동차 한 대에 엔진 하나, 차체 하나, 바퀴 넷(여분으로 하나 더)을 생산한다. 즉 폴크스바겐 공장에서는 긴밀하게 협조하면서 생산이 이뤄진다. 그러나 폴크스바겐과 제너럴모터스 사이에는 그러한 협조가 이뤄지지 않는다. 자본주의 사회에서 계획과 무계획성은 동전의 양면이다.

자본주의에 선행하는 봉건제와 그 뒤에 올 사회주의를 서로 비교해 보는 것도 도움이 된다.

봉건제에서는 생산과 소유가 모두 개인적으로 이뤄졌다. 사회주의에서는 생산과 소유가 모두 사회적으로 이뤄질 것이다.

봉건제에서는 개별 생산 단위든 경제 전체든 계획이라는 것은 생각할 수 없었다. 사회주의에서는 모든 경제 단위와 경제 전체에 계획이 적용될 것이다.

자본주의에서는 거대한 역동성과 생산성이 무계획성과 공존하기 때문에 풍요 속의 빈곤이라는 기현상이 나타난다. 수천 년 동안 사람들은 식량이 모자라서 배를 곯았다. 자본주의는 식량이 너무 많아서 사람들이 굶주리는 유일한 사회체제다. 미국에서는 곡물 가격을 유지하기 위해 남아도는 곡물을 바다에 버릴 수 있도록 밑바닥이 열리는 특수 선박을 제조한다.

역사를 통틀어 자본주의만큼 빈부 격차가 극심한 사회는 없었다. 58명의 억만장자들이 소유한 재산이 인류 절반의 소득과 맞먹는다. 이 절반에는 빈민뿐 아니라 비교적 부유한 사람들도 포함된다.

자본 간 경쟁과 노동자 착취

봉건제에서 영주는 자기 자신의 윤택한 생활을 위해 농노를 착취하고 억압했다. 마르크스의 말대로 "봉건영주의 위胃의 크기가 농노를 착취하는 한계였다." 그렇지만 포드의 사장이 노동자를 착취하는 것은 개인의 소비를 위한 것이 아니다. 그게 사실이라면, 자본가들의 부담은 가벼울 것이다. 전 세계에서 포드에 고용된 노동자가 25만 명이다. 그 많은 노동자가 하루에 잉여가치 1파운드[약 1,800원]씩만 줘도 포드 소유주들은 그 돈으로 충분히 먹고살 수 있다. 이것만이 아니다. 인간의 소비량보다 경제의 생산성이 훨씬 빨리 증대하기 때문에 시간이 흐름에 따라 노동자의 부담도 가벼워질 것이다. 그러나 자본가가 노동자를 착취하는 것은 개인의 소비를 위해서가 아니라 자본을 축적하기 위해서다. 포드가 제너럴모터스와 경쟁해서 살아남으려면 공장 설비를 끊임없이 개선해야 하고 점점 더 많은 자본을 투자해야 한다. 자본가들의 경쟁에서 나타나는 무계획성의 또 다른 측면은 자본주의의 모든 단위에서 노동자들을 괴롭히는 압제다.

자본주의 국가의 성격

국가가 중립적이고 국민을 대표한다는 말은 어디서나 들을 수 있다. 그러나 《공산당 선언》은 국가가 지배계급의 무기라는 것을 명백하게 밝히고 있다.

현대 국가의 행정부는 부르주아지 전체의 공동 업무를 관장하는 위원회일 뿐이다.

마르크스는 다른 저서에서 국가를 "무장한 인간들의 집단과 그 부속물"(군대, 경찰, 법원, 감옥 등)이라고 썼다.
마르크스는 또한 군대를 "학살 산업"이라고 부르면서 그것이 실제 산업에 의존한다고 말했다. 생산력이 파괴력을 좌우한다는 것이다. 농민이 말馬과 나무 쟁기를 사용하던 중세 시대에 기사는 (더 좋은) 말과 목검을 사용했다. 수백만 명이 군대에 동원된 제1차세계대전 때는 또 다른 수백만 명이 공장에서 총과 탄약 등을 생산했다. 단추 하나만 누르면 어마어마한 돈이 국경을 넘나들 수 있는 오늘날에는 또 다른 단추를 눌러 히로시마 주민 6만 명을 저세상으로 보내 버릴 수 있다. 학살 산업과 [일반] 산업은 손에 끼는 장갑처럼 서로 밀접하게 관련돼 있다. 만일 외계인이 지구인의 장갑을 발견한다면 왜 튀어나온 부분이 다섯 개인지 이해하지 못하겠지만, 손가락이 다섯 개 달린 손에 끼는 물건이라는 사실을 알게 되면 나머지는 뻔할 것이다. 또, 군대의 조직 구조는 사회의 구조를 반영한다. 군대에 장군이 있고 대령부터 이등병까지 있다면, 공장에도 마찬가지로 경영진, 현장 감독, 노동자가 있다. 사회의 위계 서열이 손에 해당한다면 군대의 위계 서열은 장갑에 해당하는 셈이다.

프롤레타리아 혁명

자본가들의 재산을 몰수하려면 노동계급이 정치권력을 장악해야 한다. 그러나 국가가 자본주의의 위계 구조를 반영하고 있기 때문에 노동자들이 기존 국가를 단순히 인수할 수는 없다고 마르크스는 주장했다. 노동자들은 이 위계적 국가기구를 박살 내고 그 자리에 새로운 국가를 건설해야 한다. 상비군이나 상시적 관료가 없으며 모든 관리를 선출하고 소환할 수 있는, 그리고 대표들은 그들이 대표하는 노동자들보다 더 많은 봉급을 받지 않는 그런 국가로 대체해야 한다. 마르크스가 이런 결론을 내린 것은 노동자들이 바로 이런 것을 성취했던 1871년의 파리코뮌을 목격한 뒤였다. 《공산당 선언》은 다음과 같이 말한다.

이전의 모든 역사적 운동은 소수를 위한, 또는 소수의 운동이었다. [그러나] 프롤레타리아 운동은 압도 다수를 위한 압도 다수의 자의식적이고 자주적인 운동이다.

마르크스는 혁명이 필요한 이유를 다음과 같이 설명했다. 지배계급은 강요받지 않으면 결코 자신들의 부와 권력을 포기하지 않을 것이기 때문에, 그리고 노동계급은 오직 혁명을 통해서만 "수세기 동안 쌓인 오물"을 떨쳐 버릴 수 있기 때문이다.

자본주의는 노동자들을 견집시키는 동시에 분열시키기도 한다. 일자리, 주택 등을 둘러싼 경쟁은 노동계급을 분열시키는 반면, 사장들에 맞선 투쟁은 노동자들을 단결시킨다. 대중 파업은 노동계급 단결의 최상의 표현이며 혁명의 핵심이다. 혁명은 하룻밤 사이에 일어나는 사건이 아니라 파업과 시위로 시작해 노동자들의 물리적 권력 장악에서 절정에 이르는 연속적 과정이다.

흔히 폭력을 혁명 그 자체로 오해하는데, 마르크스도 말했듯이 폭력은 "새로운 사회의 산파"일 뿐이다. 명심하라. '아기'가 아니라 단지 출산을 돕는 '산파'일 뿐이다.

혁명의 가장 중요한 측면은 노동계급의 정신적 변화다. 예를 들어 보자. 차르 체제에서 유대인은 가혹하게 박해받았다. 유대인은 대거 학살당했다. 특별 허가를 받지 않고는 양대 수도인 페트로그라드와 모스크바에 거주할 수 없었으며 그 밖에도 수많은 제약에 시달렸다. 그런데 혁명이 일어나자, 유대인 트로츠키가 페트로그라드 소비에트 의장이 됐으며, 유대인 카메네프가 모스크바 소비에트 의장, 유대인 스베르들로프가 소비에트 공화국 의장이 됐다. 붉은 군대(적군)의 총사령관도 유대인 트로츠키였다.

노동계급의 정신적 변화를 보여 주는 또 하나의 예를 들어 보자. 1917년 혁명 당시 루나차르스키는 3만~4만 명의 청중이 모인 자리에서 셰익스피어, 그리스 비극 등의 주제로 두세 시간씩 강연했다.

레닌은 혁명이 일어나는 조건을 다음 네 가지로 설명했다.

1) 사회가 전반적으로 깊은 위기에 빠졌을 때

2) 노동계급이 현재와 같은 상황을 더는 참을 수 없다는 것이 명백할 때

3) 지배계급이 지금까지 해 온 방식대로 계속 지배할 수 있다

는 자신감을 잃고 자기들끼리 분열하고 다툴 때

4) 혁명정당이 존재할 때

사회주의인가 파시즘인가

앞에서 인용한 《공산당 선언》에서 마르크스는 계급투쟁이 "사회의 혁명적 재편으로 이어지거나 아니면 투쟁하는 계급들의 공멸로 끝났다"고 썼다. 그는 로마 노예제 사회가 패망한 역사에 기초해 이러한 결론을 이끌어 냈다. 스파르타쿠스는 패배했고, 노예들은 노예 소유주 계급을 타도하지 못했으며, 사회는 쇠퇴했고, 노예는 사라지거나 농노로 대체됐고, 노예 소유주는 봉건영주로 대체됐다(게르만족의 침입은 이 과정의 한 부분이었을 뿐이다).

엥겔스도 인류가 직면한 미래가 사회주의 아니면 야만일 것이라고 말함으로써 마르크스와 동일한 생각을 공식화했다. 로자 룩셈부르크는 그런 생각을 더욱 발전시켰다. 그렇지만 야만에 관한 것이라면 그들보다 우리가 더 잘 알고 있다. 엥겔스는 1895년에 죽었고 로자 룩셈부르크는 1919년 1월에 살해당했다. 둘 다 유대인 수용소의 가스실, 히로시마와 나가사키[에 투하된 핵폭탄], 아프리카의 대규모 식량난 등을 알지 못했다.

나치가 권력의 문을 두드리고 있을 때 독일 사회민주당SPD 지도자들은 나치즘의 대안이 현상 유지라고 생각했다. 그래서 그들은 대통령 선거에서 육군 원수 힌덴부르크에게 투표했는데, 그가 보수파이긴 했지만 나치는 아니었기 때문이다(그러나 1933년 1월 30일에 그는 히틀러를 독일 총리로 임명했다). 사회민주당은 노동자들을 공격하고 사기를 저하시키고 나치를 유리하게 해 준 브뤼닝의 비상 포고령을 지지했다. 노동조합 '이론가' 프리츠 타르노브는 "자본주의는 병들었다. 우리는 자본주의를 치료할 의사들이다" 하고 말했다. 마르크스는 노동계급이 자본주의의 무덤을 파는 사람들이라고 말했다. 무덤을 파는 사람과 의사는 서로 다르다. 의사는 베개를 환자의 머리 밑에 놓는다. 반면에 무덤을 파는 사람은 베개를 환자의 머리 위에 덮어씌운다.

사회주의 운동이 희망의 운동이라면 파시즘은 절망의 운동이다. 따라서 파시즘을 물리치려면 파시스트들과도 싸워야 하지만 사람들에게 절망을 가져다주는 환경과도 싸워야 한다. 쥐를 퇴치하는 것도 중요하지만 쥐가 번식하는 하수구도 정화해야 한다. 파시스트들에 맞서 싸우는 동시에 실업, 비참한 주거 환경, 사회적 박탈 등 파시즘이 번성할 수 있는 여건을 창출하는 자본주의에도 맞서 싸워야 한다.

과거 어느 때보다 더 타당하다

오늘날 자본주의의 모순은 마르크스가 사망한 1883년보다 훨씬 더 깊어졌다. 경제는 깊은 침체에 빠져 있고 세계 곳곳에서 쉴 새 없이 전쟁이 터지고 있다. 오늘날의 노동계급은 1883년과는 비교도 안 될 정도로 강력하다. 사실 한국의 노동계급은 마르크스 사망 당시 전 세계 노동계급을 다 합친 것보다도 규모가 더 크다. 그리고 한국 경제는 세계 11위에 불과하다. 거기에다 미국, 일본, 러시아, 독일, 영국 등등의 노동자들을 더하면 사회주의의 가능성은 과거 어느 때보다 크다.

02

왜 혁명정당이 필요한가?

노동계급의 의식은 불균등하다

왜 혁명정당이 필요할까? 근본적 이유는 마르크스의 다음 두 문장에 함축돼 있다. 마르크스는 "노동계급의 해방은 노동계급 자신의 행동을 통해 가능하다"고 주장한 동시에 "모든 사회의 지배적 사상은 지배계급의 사상이다" 하고 주장했다.

이 두 주장 사이에는 모순이 있다. 그러나 모순은 마르크스의 머릿속에 있는 것이 아니다. 그것은 현실 세계에 존재한다. 두 주장 가운데 하나만 옳다면 혁명정당은 필요 없을 것이다. 노동계급의 해방은 노동계급 자신의 행동이라는 것만이 사실이라면 솔직히 우리는 사회주의를 위해 싸울 필요가 전혀 없다. 팔짱 끼고 앉아서 웃으면 그만이다. 노동자들이 자기 자신을 해방할 테니까!

반면에, "모든 사회의 지배적 사상은 지배계급의 사상"이라는 것만이 사실이라면 노동자들은 항상 지배자들의 사상을 받아들일 것이다. 그렇다면 우리는 팔짱 끼고 앉아서 울 수밖에 없다. 우리가 할 수 있는 일이 전혀 없을 테니까.

현실에서는 두 주장 모두 옳다. 계급투쟁은 언제나 노동자와 자본가의 충돌뿐 아니라 노동계급 내부의 충돌에서도 나타난다. 피켓라인에 서 있는 노동자들은 자본가들이 일하지 못하게 막으려는 것이 아니다. 자본가들은 평생 일하지 않고 살아왔으며 파업 기간에도 일하지 않을 것이다. 피켓라인의 진정한 구실은 다른 노동자들이 고용주들 편으로 넘어가지 못하게 막는 것이다.

노동자 권력, 즉 마르크스가 프롤레타리아 독재라고 부른 것의 경우는 어떤가? 전체 노동계급이 일치단결한 상황에서 극소수의 자본가들만 저항하고 있다면 프롤레타리아 독재가 왜 필요하겠는가? 사장들에게 집에 처박혀 있으라고 말하기만 하면 그만이다. 전체 노동계급이 단결해서 그들에게 침을 뱉는다면 그들은 익사할 것이다!

그렇지만 [의식이] 앞선 노동자가 있는 한편 뒤처진 노동자도 있는 것이 현실이다. "모든 사회의 지배적 사상은 지배계급의 사상"이기 때문에 노동자마다 의식 수준에 차이가 있기 마련이다.

그뿐 아니다. 노동자 개개인의 머릿속에서도 서로 모순되는 의식이 공존할 수 있다. 고임금을 받는 투사이고 사장을 증오하는 노동자가 동시에 인종차별주의자일 수도 있다.

매우 숙련된 인쇄 노동자와 함께 살 때 있었던 일이다. 휴가를 떠나려는 그에게 "내일 비행기로 가시나요?" 하고 물어봤다. 그는 이렇게 대답했다. "아뇨, 내일은 13일의 금요일이잖아요. 토요일까지 기다려야죠." 그 사람은 20세기에 살면서도 천년 전의 미신을 믿고 있었다.

기회주의와 종파주의

여러분이 파업 대열에 서 있는데 옆에 있는 동지가 인종차별적인 말을 한다고 하자. 여러분이 할 수 있는 일은 셋 중 하나다. "이런 인간하고는 파업하기 싫어. 인종차별 없는 우리 집에나 가야지" 하고 말할 수 있다. 그것은 종파주의다. "노동계급의 해방은 노동계급 자신의 행동"이라면 여러분은 그와 함께 파업 대열을 사수하는 것이 옳다.

또 다른 방법은 문제를 회피하는 것이다. 누군가가 인종차별적인 말을 하면 못 들은 척하면서 "오늘 날씨 참 좋군!" 하고 말하는 것이다. 그것은 기회주의다.

세 번째 방법은 그 사람과 인종차별에 대해, 그리고 지배계급의 지배적 사상에 대해 논쟁하는 것이다. 여러분은 논쟁하고 또 논쟁해야 한다. 만약 그를 설득할 수 있다면 더할 나위 없이 좋다. 그렇지만 설득하지 못하더라도 구사대가 들어오면 여러분은 그와 함께 스크럼을 짜고 저지해야 한다. 왜냐하면 "노동계급의 해방은 노동계급 자신의 행동"이기 때문이다.

혁명정당은 노동계급의 학교다

부르주아 혁명이 일어나기 20년 전에 부르주아지에게는 혁명정당이 없었다. 1789년 전에는 프랑스에 자코뱅 당이 존재하지 않았다.

그런데 왜 우리는 20~30년이나 50년 앞을 바라보고 혁명정당 건설에 착수해야 하는가? 그 출발점은 혁명 과정에서 노동계급의 투쟁을 지도할 수 있는 혁명정당이 필요하다는 것이다.

자코뱅 당은 혁명이 진행 중일 때 탄생했다. 왜? 자본가와 귀족의 관계는 자본가와 노동자의 관계와 다르기 때문이다.

자본가들은 귀족들을 타도해야 했고 노동자들은 자본가들을 타도해야 하는 것이 사실이지만, 이 둘은 크게 다르다. 귀족들이 모든 부를 독점하지도 않았고 자본가들도 빈털터리가 아니었다. 자본가들은 혁명 전에도 부자였다. 그들은 당당하게 귀족들에게 말할 수 있었다. "좋아, 당신들에게 땅이 있다면 우리에게는 돈과

은행이 있다. 당신들이 파산하면 누가 도와줄 수 있지? 당신네 귀족 혈통을 우리의 재력과 섞으면 되지. 내 딸과 결혼하면 되는 거야." 사상에 대해서는 이렇게 말할 수 있었다. "좋아, 당신들에게 성직자들이 있다면 우리에게는 교수들이 있지. 당신들에게 성경이 있다면 우리에겐 백과사전이 있지. 이제 그만 비키시지 그래?"

자본가들은 귀족들의 사상으로부터 독립해 있었다. 귀족들은 자본가들의 사상을 지배하기는커녕 자본가들의 사상에 지배당하는 경우가 더 많았다.

프랑스 혁명은 삼부회가 소집되면서 시작됐다. 삼부회는 귀족·성직자·중간계급[1]의 대표들이 모이는 자리다. 투표를 할 때면 귀족과 성직자가 자본가들을 따라 투표했지, 그 반대가 아니었다.

우리 처지가 당시의 자본가들과 비슷할까? 물론 아니다. 우리는 자본가들에게 "좋아, 당신들에겐 포드와 제너럴모터스와 임피리얼케미컬인더스트리스[2]가 있지만 우리에겐 신발 두 짝이 있다"고 당당히 말할 처지가 아니다. 사상에 대해 말하자면, 사회주의 신문을 읽는 자본가가 과연 몇 명이나 있을지 의문이다. 반면에, 수많은 노동자들이 〈선〉[3]을 읽는다!

---

1   당시의 중간계급은 자본가들이었다.

2   ICI: 1926년에 설립된 영국의 거대 화학공업 회사.

3   Sun: 영국판 〈조선일보〉.

부르주아지의 혁명정당은 혁명 와중에 등장할 수 있었다. 그들은 자신감이 충만했기 때문에 미리부터 준비할 필요가 없었다. 1789년 7월 14일에 어떤 일이 있었는가? 자코뱅 지도자 로베스피에르는 바스티유에 루이 16세의 동상을 세우자고 주장했다. 그는 3년 뒤에 자신이 루이 16세를 단두대에 세울 줄은 상상도 못 했다. 자코뱅이라는 이름은 어디서 유래했는가? 그들이 처음 모인 수도원 이름에서 따온 것이다. 자신들이 4년 뒤에 교회 토지를 몰수하게 될 줄 미리 알았다면 수도원의 이름을 빌리지는 않았을 것이다.

그들은 독립적이었고 세력이 있었으며 [정치적] 쟁점들을 다룰 능력이 있었다. 우리는 완전히 다른 상황에 처해 있다. 우리는 사회를 운영해 본 경험이 없는 피억압 계급에 속해 있는데, 그것은 물질적 생산수단뿐 아니라 정신적 생산수단까지 자본가들이 소유하고 있기 때문이다. 바로 이 때문에 우리에게는 혁명정당이 필요하다. 혁명정당은 노동계급의 학교다. 영국군에게 육군사관학교가 있다면, 노동계급에게는 혁명정당이 있다.

마르크스는 《공산당 선언》에서 공산주의자들은 노동계급의 역사적·국제적 경험을 일반화한다고 말했다. 다시 말해 개인의 경험만으로는 배우기 힘들다는 것이다. 나 자신의 경험도 보잘것 없다. 우리 개개인은 하찮은 경험을 갖고 있을 뿐이다. 우리는 경험을 일반화해야 하고, 그렇게 하려면 경험을 일반화하는 조직이 필요하다. 내 경험만으로는 파리코뮌에 대해 알 수 없다. 나는 거기에 있지도 않았고, 1871년에는 아주 어렸다! 따라서 누군가 그 것을 알려 줄 수 있는 사람이 필요하다.

그래서 트로츠키는 혁명정당을 노동계급의 기억이라고 말했다.

세 종류의 노동자 정당

노동자 정당에는 혁명정당, 개혁주의 정당, 그리고 중간주의 정 당이 있다.

《공산당 선언》은 혁명정당의 성격을 다음과 같이 묘사한다.

공산주의자들은 오직 다음과 같은 점에서만 다른 노동계급 정당들 과 구별된다. (1) 각국의 프롤레타리아가 국가적 투쟁을 벌일 때 공 산주의자들은 국적을 떠나 전체 프롤레타리아의 공통된 이익을 지 적하고 이를 전면에 내세운다. (2) 부르주아지에 맞선 노동계급의 투쟁이 거쳐야 하는 다양한 발전 단계에서 공산주의자들은 언제 어디서나 운동 전체의 이익을 대변한다.

따라서 공산주의자들은 실천에서는 모든 나라 노동계급 정당 중에 서 가장 선진적이고 단호한 부문, 다른 모든 부문을 앞으로 밀고 가는 부문이며, 이론에서는 프롤레타리아 운동의 진행 방향과 그 조건, 그리고 궁극적인 일반적 결과를 거대한 프롤레타리아 대중보 다 더 분명히 이해한다는 장점이 있다.

노동자 정당의 두 번째 유형은 개혁주의 정당이다. 레닌은 1920년 공산주의인터내셔널 제2차 대회 연설에서 노동당을 "자본주의적 노동자 정당"이라고 정의했다. 그가 노동당을 자본주의적이라고 한 이유는 노동당의 정치가 자본주의와 결별하지 않기 때문이다. 레닌은 왜 노동당을 노동자 정당이라고 했을까? 노동자들이 노동당에 투표했기 때문에 그런 것은 아니다. 당시에는 보수당에 투표한 노동자들이 더 많았다. 그리고 보수당은 말할 것도 없이 자본가 정당이다. 레닌이 노동당을 그렇게 규정한 이유는 노동자들이 노동당을 통해 자본주의로부터 보호받기를 원하기 때문이다. 텔레비전에서 노동당 전당대회를 보면 노동당원들과 보수당원들의 욕구가 분명히 다르다는 것을 알 수 있다. 보수당 전당대회에서는 연사가 노조원들과 흑인들을 비난하고 군대와 경찰 등을 찬양하는 발언을 할 때 박수가 터져 나온다. 노동당 대회에서는 의료 혜택, 교육, 주택 등의 개선 필요성을 역설할 때 박수가 터져 나온다.

혁명정당과 개혁주의 정당 사이에는 세 번째 부류의 정당, 즉 중간주의 정당이 있다. 중간주의 정당의 주요 특징은 우유부단하다는 것이다. 이들은 이것도 아니고 저것도 아니다. 둘 사이에서 동요한다. 말은 말을 낳고 당나귀는 당나귀를 낳지만, 말과 당나귀 사이에서 태어난 노새는 아무것도 낳을 수 없다. 혁명정당은 역사적 연속성이 있다. 그것은 성장할 수도 있고 퇴보할 수도 있지만 어쨌든 계속 이어진다. 개혁주의 정당 또한 역사적 연속성이 있다. 그러나 중간주의 정당은 그렇지 않다. 스페인의 마르크스주의통일노동자당POUM은 1936년에 4만 명의 당원을 보유하고 있었지만, 지금은 완전히 없어져 버렸다. 영국의 독립노동당ILP은 1945년 총선에서 네 명의 하원 의원을 배출했다. 그러나 오늘날에는 흔적조차 남아 있지 않다. 독일 사회주의노동당SAP의 운명도 크게 다르지 않았다. 독일 공산당KPD 내 우파와 브란들러 추종자들, 사회민주당의 평화주의자들, 기타 잡다한 사람들이 한데 모여 결성한 사회주의노동당은 1930년대 초에는 꽤 큰 정당이었지만, 지금은 흔적도 없이 사라졌다.

혁명가는 노동계급을 가르치기도 하고 계급에게서 배우기도 한다

혁명정당은 과거의 모든 경험에 기초해 노동계급을 지도해야한다. 좋다. 당이 노동자들을 가르친다. 그러면 간단한 의문이 든다. "누가 선생님을 가르치지?" 우리가 노동계급에게 배울 수 있음을 이해하는 것이 대단히 중요하다. 모든 훌륭한 발상은 노동자들에게서 나오기 때문이다.

마르크스는 《공산당 선언》에서 노동자 정부, 즉 프롤레타리아독재의 필요성을 얘기했다. 그러다가 1871년에는 노동자들이 상비군, 관료제, 경찰 등으로 이뤄진 낡은 국가기구를 넘겨받는 대신 그것을 박살 내야 한다고 썼다. 우리는 이 모든 위계 구조를 파괴하고 새로운 형태의 국가를 세워야 한다. 상비군과 관료제가 없고, 모든 관리가 선출되고 평균 노동자들과 똑같은 봉급을 받는 국가 말이다. 그런데 이런 결론은 마르크스가 대영박물관에서 혼자 머리 싸매고 연구해서 얻은 결론일까? 천만의 말씀. 위에서 설명한 모든 것은 바로 1871년에 파리의 노동자들이 행동으로 직접 보여 준 것이다.

마르크스는 파리의 노동자들한테 배웠다. 반면에 스탈린주의자들은 언제나 레닌이 소비에트를 고안해 냈다고 주장한다. 물론 스탈린주의 문헌에서는 레닌이 모든 것을 창안했다! 그들은 레닌주의를 종교로 만들어 버렸다. 레닌의 서한집을 보면, 그는 1905년에 페트로그라드 노동자들이 최초의 소비에트를 건설한 지 나흘 뒤에 소비에트에 대한 편지를 썼다. 모든 것을 조종해 놓고 글은 왜 썼을까?

투쟁하는 노동자들은 새로운 형태의 조직이 필요했다. 그들은 개별 공장에 국한된 파업위원회가 혁명의 시기에는 적합하지 않다는 것을 힘겹게 터득했다. 모든 공장을 묶어 주는 파업위원회가 필요했다. 그것이 바로 소비에트였다. 모든 공장의 대표들이 한자리에 모여서 투쟁을 지휘하는 기구가 필요했던 것이다. 그들은 그렇게 했고 레닌은 그들을 보고 배웠다. 혁명정당은 정말이지 언제나 계급한테서 배워야 한다.

당은 언제나 계급보다 앞서 가는가? 답은 대체로는 혁명정당이 계급보다 앞서 간다는 것이다. 그러지 않으면 혁명정당이 아니다. 그래서 1914년에 제1차세계대전이 발발했을 때 볼셰비키가 계급보다 한참 앞서 갔다. 노동계급의 대다수가 전쟁을 지지하는 동안 볼셰비키는 전쟁을 반대했다.

그러다가 1917년이 됐다. 1917년 8월과 9월에 레닌은 당이 계급보다 뒤처져 있고 빨리 계급을 따라잡아야 한다고 몇 번을 반복해서 얘기했다. 그 이유는 간단하다. 노동계급은 아주 오랫동안 자신감이 부족했기에 혁명정당보다 뒤처졌었다. 그러나 상황이 바뀌면서 그들은 아주, 아주 빠르게 변해 갔다.

혁명가들의 문제점은 생존을 위해 일상적 활동의 틀을 유지해야 한다는 것이다. 그는 자신이 노동계급보다 앞서 가는 것을 당연하게 여기게 된다. 그러나 일단 노동계급이 움직이기 시작하면 혁명가는 자신이 한참이나 뒤처져 있음을 깨닫게 된다. 혁명정당은 노동계급을 따라잡아야 한다. 당은 단지 사람들의 모임만은 아니다. 단지 혁명가들이 모였다고 해서 그들이 언제나 노동계급을 지도할 수 있을 것이라고 본다면 오산이다. 지도력을 얻기 위해 언제나 분투해야 한다. 항상 앞서 가려면 항상 배워야 한다.

혁명의 시기에만 그런 것이 아니다. 영국 사회주의노동자당SWP에서 20년 넘게 활동한 괜찮은 동지보다 몇 달 전에 가입한 새파란 신출내기가 활동에서는 훨씬 더 앞서 가는 경우를 흔히 볼 수 있다.

지도력이란 은행에 저금한 돈처럼 쉽게 얻을 수 있는 것이 아니다. 은행예금은 가만히 있어도 이자가 불어난다. 그렇지만 혁명적 지도력은 전혀 다르다. 혁명가는 매일, 매달 지도력을 획득해야 한다. 따라서 혁명가들에게는 지난주에 한 일, 이번 주에 하고 있는 일, 다음 주에 할 일이 무엇보다 중요하다. 100년에 걸친 모든 경험에서 배울 수도 있지만 이번 주에 무슨 일을 하고 있는지가 중요하다. 지도력은 쟁취하는 것이다.

개혁주의 정당의 당원들은 수동적이고 타협적이다

개혁주의 정당은 표를 많이 얻는 것이 주된 관심사이기 때문에 최소한의 공통점에 의존한다. 개혁주의 정당은 지배적 사상에 순응한다.

노동당 의원들이 동성애자 억압을 모를 리 없다. 그런데도 1987년 선거 기간에 닐 키녹의 비서 퍼트리샤 휴잇은 동성애자들을 지지하는 위원회에서 활동하는 "정신 나간 좌파"들을 공격하겠다는 의중을 〈선〉(그 많은 신문 중에 하필!)에 흘렸다. 키녹의 비서는 왜 그런 짓을 했을까? 그런 방법으로 인기를 얻을 수 있다고 생각했기 때문이다. 나는 존 스트레이치라는 사람의 유인물을 갖고 있다. 그는 자칭 마르크스주의자였다. 1929년에 그는 선거에 출마했는데 한 가지 문제에 봉착했다. 외모가 유대인과 비슷했던 것이다. 그래서 "존 스트레이치는 영국인이다"라는 제목의 유인물을 배포했으며, 누구든 자기를 유대인이라고 말할 경우에는 고소하겠다고 선언했다. 왜 그랬을까? 나도 유대인이지만, 사회주의노동자당 당원들은 누구나 자신이 유대인이라고 불리면 "그래, 나 유대인이다. 그게 어때서?" 하고 대답할 것이다. 누구처럼 부인하지는 않는다.

그렇지만 표를 많이 얻는 것이 목적이라면 지배적 사상에 순응해야 한다. 그래서 개혁주의 정당은 덩치는 크지만 극도로 수동적이다. 《노동당의 풀뿌리 조직》이라는 책에는 당원의 연령 비율이 나온다. 1984년에는 노동당 청년 지부가 573개였지만 1990년에는 겨우 15개였다. 66세 이상이 25세 이하의 세 배나 됐다. 한 달에 몇 시간을 당 활동에 쓰느냐는 질문에 노동당원의 50퍼센트가 전혀 안 한다고 응답했고 30퍼센트는 한 달에 최고 5시간, 일주일에 1시간이라고 대답했으며 단 10퍼센트만이 5~10시간이라고 대답했다.

극도의 수동성이야말로 노동당의 특성이다. 같은 동전의 뒷면은 관료적 통제다. 당을 지배하는 것은 관료들이다.

그리고 또 종파들이 있다. 종파에 속한 사람들은 아주 간단히 이렇게 말한다. "우리는 오직 우리와 생각이 같은 사람들하고

만 함께 행진한다. 우리와 생각이 다른 사람들은 신경 쓰지 않는다."

혁명가들은 노동계급의 대대수와는 구별되지만 동시에 노동계급의 일부이기도 하다. 혁명가들은 혁명가가 아닌 노동자들과 어떻게 연관 맺을지를 고민해야 한다. 여러분의 의견에 60퍼센트 동의하는 사람들과 어떻게 연관 맺고 어떻게 투쟁 과정에서 80퍼센트까지 동의하게 만들지를 고민해야 한다. 만일 여러분이 종파주의자라면 "너는 나랑 의견이 40퍼센트나 달라. 너랑은 상종하지 않을래" 하고 말할 것이다. 그러나 여러분이 혁명가라면 이렇게 말할 것이다. "우리는 60퍼센트 공감하니까 일단 거기서 시작하자. 나머지 40퍼센트에 대해서는 계속 너랑 논쟁하겠어. 함께 투쟁하면서 너를 설득해 볼 거야."

민주적 중앙집중제

그렇다면 혁명정당의 구조는 어떠해야 할까? 왜 우리는 민주적 중앙집중제를 얘기하는가?

우선 민주주의가 왜 필요한지부터 얘기해 보자. 런던에서 버밍엄까지 가려면 버스 한 대와 기사 한 사람만 있으면 된다. 전에도 해 본 일이기 때문에 민주적 토론은 필요 없다. 훌륭한 기사와 좋은 버스만 있으면 그만이다. 반면에 자본주의에서 사회주의로 이행하는 과정은 우리가 한 번도 경험해 보지 못한 것이다. 우리는 모른다.

우리가 모른다면 배울 수 있는 길은 오직 하나, 계급에 뿌리를 내리고 계급에게서 배우는 것이다. 물론 민주주의가 모든 문제를 해결하지는 않는다. 만일 마르크스의 말대로 이윤율이 정말로 떨어지는지 알고 싶으면 그에 관한 책을 읽어 보고, 생각해 보고, 답을 얻으면 된다. 그것을 표결에 붙여서 답을 얻는 것은 무의미할 것이다.

그렇지만 반드시 투표로 결정해야 하는 일들이 있다. 우리의 투쟁과 연관된 모든 것은 검증받아야 한다. 왜냐하면 우리가 모르기 때문이다. 만일 "노동계급의 해방은 노동계급 자신의 행동을 통해 가능하다"면 노동계급이 행동으로 우리를 가르쳐 줄 것이기 때문이다.

1917년 7월에 볼셰비키 당이 불법화되고 볼셰비키 신문이 탄압으로 와해됐을 때 레닌이 숨어 지내면서 쓴 훌륭한 글이 있다. 볼셰비키 당원들은 독일 간첩이라는 누명을 썼다. 레닌은 반동세력의 힘이 얼마나 강화됐는지 알 수 없었다. 그는 함께 숨어 지내던 한 노동자와 식사한 일을 묘사했다. 그 노동자는 레닌에게 빵을 건네주며 이렇게 말했다. "아주 맛있는 빵이죠. 저들, 자본가계급은 우리를 두려워하고 있어요." 레닌은 다음과 같이 설명한다.

그의 말을 듣는 순간 나는 계급 세력 관계를 알 수 있었다. 노동자들의 진짜 생각이 어떤지 알 수 있었다. 우리가 비록 불법화되고 타격을 받긴 했지만 자본가들은 우리를 아직 두려워하고 있었다. 아직 반혁명이 승리한 것은 아니었다.

노동자들의 자신감이 어떤지 어떻게 알 수 있을까? 언론을 통해 설문 조사를 할 수는 없다. 그들은 그러한 기회를 주지 않는다. 그렇다고 수많은 사람들을 일일이 다 만날 수도 없다.

노동계급의 혁명은 민주주의 없이는 불가능하다. 그리고 혁명은 노동계급이 지배계급으로 상승하는 과정이며 역사상 최고로 민주적인 체제를 창조하는 과정이다. 5년에 한 번씩 우리를 배신할 대표를 선출하는 자본주의 체제와는 완전히 다르다. 자본주의에서는 국회의원들을 선출하지만 고용주들은 선출하지 않는다. 자본주의에서는 공장 문을 닫을지를 투표로 결정하지 않는다. 우리는 장교나 판사를 선출하지 못한다. 노동자 정부에서는 노동자들이 모든 것을 통제할 것이다. 모든 것이 노동자들의 지배를 받을 것이다. 사회주의는 민주주의의 가장 극단적인 형태다.

그런데 이 모든 것이 사실이라면 중앙집중제는 왜 필요할까?

먼저, 노동자 개개인의 경험이 서로 다르고 불균등하기 때문에 그런 경험들을 하나로 모아야 한다. 혁명정당 내부에서도 당원들은 상이한 압력의 영향을 받는다. 즉, 당원들은 노동계급 일반의 분위기에 영향을 받기도 하지만 자신들이 속한 부문의 분위기에 영향을 받기도 한다.

이러한 부문주의를 극복하고 협소한 경험의 한계를 뛰어넘기 위해서는 이 모든 경험과 분리를 집중시켜야 한다. 또한 지배계급이 고도로 중앙집중화돼 있기 때문에 중앙집중제가 필요하다. 적과 대등해지지 못한다면 절대로 승리할 수 없다.

나는 결코 평화주의자가 아니다. 누군가가 나를 각목으로 패려 하면 나는 더 큰 각목을 찾을 것이다! 마르크스의 《자본론》 한 구절이 미친개의 공격을 막아 주지는 못할 것이다. 우리는 적과 같은 방식으로 적에게 맞서야 한다. 그렇기 때문에 나는 국가가 필요 없다고 말하는 아나키스트들을 이해할 수 없다. 자본가들에게는 국가가 있다. 그들의 국가에 대항하는 국가 없이 어떻게 자본가 국가를 박살 낼 수 있겠는가?

아나키스트들은 언제나 국가를 부정한다. 그러나 그들은 세력이 충분했을 때는 정부에 참여했다. 스페인 내전 당시 아나키스트들은 공화국 정부에 참여했다. 왜냐하면 뭔가를 부정한다면서 그것을 분쇄하지 않는다면 아무 소용이 없고, 뭔가를 분쇄한다면 그것 대신에 다른 것을 갖다 놓아야 하기 때문이다. 무엇으로 대체해야 할까? 무장한 노동자 조직으로 대체해야 한다. 바로 그것이 노동자 국가다.

대중적 혁명정당이 필요하다

당이 계급을 지도한다고 말할 때 그것은 단지 경험과 지식, 기원만의 문제는 아니다. 당 지도자들은 노동자들의 언어를 사용해야 하고 노동자들의 정서를 공유해야 한다. 그들과 관계를 맺어야 한다. 왜냐하면 지도란 바로 그런 것이기 때문이다. 말하는 것뿐 아니라 듣는 것도 중요하다. 혼자 떠드는 것은 소용없다. 그들이 이해할 수 있는 언어로 얘기하는 것도 필요하다.

그렇지만 그것만으로는 아직 부족하다. 우리는 대규모 정당이 필요하다. 노동계급을 지도하려면 대중정당이 필요하다. 사회주의 노동자당은 세계에서 가장 작은 대중정당이다. 아주 작은 정당이다. 1914년에 볼셰비키의 당원은 4000명이었다. 1917년 2월 혁명 직후에는 2만 3000명이었다. 그리고 1917년 8월에는 당원이 25만 명에 달했다. 25만 명이 있으면 300만 명의 산업 노동계급을 지도할 수 있다.

독일 공산당은 1918년에 4000명의 당원을 거느리고 있었다. 설사 그 4000명이 모두 천재였을지라도 결코 혁명을 승리로 이끌지는 못했을 것이다. [계급을] 지도하려면 모든 공장에 기반이 있어야 하므로 상당한 규모의 정당이 필요하다.

앞에서 [1917년] 7월의 나날들에 대해 말했다. 레닌이 독일 간첩으로 몰려 기소됐을 때 푸칠로프 공장 노동자 3만 명 중에 1만 명이 레닌을 신뢰한다며 하루 파업을 벌였다. 푸칠로프 공장에 볼셰비키 당원 500명이 있었기에 가능한 일이었다.

수백만 명을 지도하기 위해서는 수십만 명의 당원이 필요하다. 영국 반나치동맹ANL의 축제에 15만 명이 참가한 것도 분명 눈부신 성과지만, 혁명을 고려하면 여전히 소수다. 반나치동맹의 축제를 조직하는 일에도 6000~8000명의 사회주의노동자당 당원들의 노력이 필요했다.

나는 사람들이 마르크스주의를 모종의 지적 활동으로 여기는 것을 싫어한다. 즉, 어떤 현상을 해석하고 이해해서 더 현명해지는 활동 말이다. 마르크스주의는 행동의 지침이며, 행동하기 위해서 규모가 필요한 것이다. 행동하려면 세력이 있어야 한다. 우리는 당원 50만 명의 대중정당이 필요하다.

03
마르크스주의 이론의 중요성

레닌은 혁명 이론 없이는 혁명정당도 있을 수 없다고 여러 차례 강조했다. 마르크스와 엥겔스는 마르크스주의를 과학적 사회주의라고 정의했다. 과학은 물리학이든 화학이든 마르크스주의든 단편적 슬로건들을 짜깁기해서 배울 수 있는 것이 아니다. 과학은 진지한 탐구가 필요하다.

마르크스와 엥겔스는 혁명가들이 노동계급 운동의 국제적·역사적 경험을 일반화해야 한다고 썼다. 그러한 일반화는 학습과 이론이 없으면 불가능하다. 파리코뮌을 직접 경험해 본 사람은 없다. 따라서 책을 읽어야 한다. 트로츠키는 같은 이치를 다른 말로 표현해, 혁명정당이 노동계급의 기억이자 학교라고 말했다. 학교에서 학생들은 이론을 탐구한다.

미래를 준비하려면 과거를 공부해야 한다. 볼셰비키의 지도적 인물이었던 카를 라데크는 회고록에서 레닌이 1917년 격변의 와중에 향후 과제를 이해하는 데 도움이 될 거라면서 자신에게 프랑스 혁명에 관한 책을 읽으라고 권유한 일화를 소개했다. 같은 시기에 레닌은 자신의 가장 중요한 이론적 저작 중 하나인 《국가와 혁명》을 썼다. 프랑스 혁명 당시에 생쥐스트는 "혁명을 절반만 일으키는 사람은 자기 무덤을 파는 셈"이라고 말했다.

모든 혁명은 반쪽 혁명으로 시작한다. 새로운 것이 낡은 것과 공존한다. 1917년 2월 혁명으로 차르와 경찰이 타도되고 소비에트와 공장의 노동자위원회들이 생겨났다. 이 모든 것은 새로운 것들이다. 그러나 낡은 것도 살아남았다. 장군들은 여전히 군대를 지휘했고, 공장은 여전히 자본가들의 소유였으며, 지주들은 땅을 소유했고, 제국주의 전쟁은 계속되고 있었다.

1917년 4월, 레닌이 러시아에 귀국했을 때 페트로그라드의 핀란드 역에는 노동자와 병사 1만 명이 마중 나왔다. 페트로그라드 소비에트 의장이었던 우파 멘셰비키 치헤이제는 커다란 꽃다발을 들고 레닌을 환영하면서 "성공한 러시아 혁명의 이름으로 당신을 환영하오!" 하고 말했다. 레닌은 꽃다발을 옆으로 밀어내고 수천 명의 노동자·병사들을 향해 말했다. "성공한 러시아 혁명이라구요? 우리는 차르를 타도했을 뿐입니다! 프랑스에서도 1792년에 국왕을 타도했지요. [지금] 자본가들은 여전히 공장을 소유하고 있고 지주들은 토지를 소유하고 있으며 제국주의 전쟁은 계속되고 있습니다. 임시정부를 타도합시다! 전쟁을 끝장냅시다! 토지와 빵과 평화! 모든 권력을 소비에트로!" 하고 외쳤다. 이 장면은 역사학자 수하노프가 묘사한 것이다. 여러분은 레닌의 말에 수천 명의 노동자와 병사가 환호했으리라고 생각할지도 모른다. 그러나 그들은 완전히 멍해졌다. 그들은 차르와 경찰을 타도한 것에 너무 들떠서 도대체 왜 현재 상황을 비판해야 하는지 이해할 수 없었다. 전에 볼셰비키 중앙위원이었던 골덴베르크의 목소리만이 어색한 침묵을 깨뜨렸다. "레닌은 미쳤어! 레닌은 완전히 미쳐 버렸다!" 레닌은 생쥐스트의 말이 뜻하는 바를 잘 알고 있었기 때문에 혁명을 그 최종 승리까지 밀어붙였다.

1917년 이래로 수많은 혁명들이 반쪽짜리 혁명에 그쳤고 그 때문에 반혁명으로 종말을 맞았다.

몇 가지 예를 들어 보자. 1918년 11월에 독일 혁명으로 카이저가 물러나고 노동자 평의회, 즉 소비에트가 건설됐다. 그러나 장군들과 공장 소유주들은 지위를 계속 유지했다. 1919년에 군 장교들은 로자 룩셈부르크와 카를 리프크네히트 등의 공산주의자들을 살해했다. 그리고 여러 해 뒤에 독일에서 나치가 권력을 잡게 됐다.

1979년 이란에서는 대중 파업이 노동자 평의회(쇼라) 주도의 총 파업으로 발전하면서 샤[국왕]를 타도했다. 노동자들을 지도한 것은 공산당(투데당)과 페다인이었고 양측 모두 모스크바에 충성했다. 그들은 이란 민중과 모든 무슬림의 단결을 주장했다. 그들은 아야 톨라 호메이니와 타협했고 호메이니는 살육으로 보답했다.

세 번째 예는 인도네시아다. 1960년대 초 인도네시아 공산당원 수는 300만 명으로, 1917년의 볼셰비키 당원 수(25만 명)를 훨씬 능가했다. 또 인도네시아 공산당과 연계된 기구들이 1000만 명의 회원을 거느리고 있었다. 그러나 스탈린주의자들이었던 공산당 지도부는 인도네시아 국민과 모든 무슬림의 단결을 주장했다. 그들은 인도네시아의 부르주아 민족주의자 대통령 수카르노를 지지했다. 그러나 1966년에 수카르노 장군의 부하였던 수하르토 장군이 쿠데타를 일으켜 공산주의자 50만~100만 명을 학살했다.

미래에 대비하려면 과거로부터 배워야 한다. 자본주의 체제의 모순을 이해하고 체제의 내적 폭발을 초래하는 힘을 이해하려면 마르크스주의 경제학을 탐구해야 한다.

지도하는 것은 예측하는 것이다. 예측하기 위해서는 경제, 사회, 정치, 역사, 철학에 대한 명확한 이론적 이해가 필요하다.

소수의 당원들만 이론을 아는 것으로는 부족하다. 모든 당원이 이론을 알아야 한다. 레닌은 혁명정당에서는 모든 당원이 지도자이며 따라서 모든 당원이 마르크스주의 이론을 알아야 한다고 말했다. 혁명정당은 자본주의 공장이나 자본주의 군대를 따라 해서는 안 된다. 공장에서는 경영자들이 결정을 내리면 노동자들은 복종해야 한다. 자본주의 군대에서는 장교들이 명령하면 병사들은 복종해야 한다. 그러나 혁명정당에서는 모든 당원이 판단하고 결정하며 행동한다.

물론 현실에서는 혁명정당 내에도 의식 수준이나 이론적 깊이의 차이가 있다. 그러나 이러한 불균등성은 극복해야 한다. 혁명정당이 겪을 수 있는 최악의 사태는 프롤레타리아적 태도라는 미명 아래 당내 지식인들이 비난받는 것이다. 그런 비난은 노동자들에 대한 모욕이다. 왜냐하면 그러한 비난은 노동자들이 이론을 이해할 수 없다는 가정을 깔고 있기 때문이다. 마르크스가 26년이나 걸려서《자본론》을 집필한 이유가 뭐라고 생각하는가? 사실 마르크스는《자본론》을 완성하지도 못했다. 마르크스 생전에 출판된 것은 1권뿐이었다. 2권과 3권은 마르크스 사후에 엥겔스가 편집해서 출판했다. 노동자들이 이론을 이해할 수 없다면 1890년대에 러시아의 마르크스주의자들이 왜 야학에서 마르크스주의를 가르쳤겠는가?

혁명정당에서 지식인의 구실을 가장 훌륭하게 옹호한 책 중 하나가 레닌이 1902년에 쓴《무엇을 할 것인가?》다. 당시 레닌의 반대파를 일컬어 경제주의자라고 했는데, 그들은 노동자들이 기껏해야 임금 인상이나 노동시간 단축을 요구할 수 있을 뿐, 노동조합주의 의식을 뛰어넘지는 못할 것이라고 생각했다.

또, 이탈리아의 혁명적 마르크스주의자 그람시는 노동자 지식인들이 필요하다고 주장했다.

독일 사회민주당 우파는 로자 룩셈부르크를 너무 지적이라는 이유로 비난했다. 십중팔구 그들은 그녀가 독일인도 아닌 데다가 (폴란드인이었다) 여성이라는 것이 아니꼬웠을 것이다. 레닌이 병으로 죽어 가고 있던 1923년에 스탈린이 트로츠키를 지식인이라고 공격한 것도 비슷한 일이다. 스탈린은 나중에 트로츠키를 '코즈모폴리턴'[세계주의자]이라고 비난했다. 트로츠키가 유대인이라는 사실을 은근히 트집 잡은 것이다.

혁명정당에서 이론의 중요성을 깎아내리는 것은 기본적으로 노동자들이 이론을 이해할 수도 없고 관심도 없다는 전제 아래 노동자들을 모욕하는 것이다.

혁명정당의 당원들이 마르크스주의 문헌을 읽고 강연을 듣는 것만으로는 마르크스주의 이론을 체득할 수 없다. 당원들은 가까운 주변 사람들을 확보해야 한다. 혁명정당의 당원은 모두 지도자라는 레닌의 말은 모든 당원이 당 외부의 노동자들을 지도할 수 있어야 한다는 뜻이다. 예컨대 사회주의노동자당 당원이 직장 동료, 이웃, 학교 친구 같은 주변 사람들과 관계를 맺는다면 그는 주변 사람들이 던지는 질문에 답변해야 한다.

예를 들어 누군가가 "너는 혁명이 필요하다고 말하지만, 러시아 혁명은 결국 독재로 이어졌잖아. 그런데도 우리가 혁명을 지지해야 할까?" 하고 물어볼 수도 있다. 만약 그런 질문을 받은 당원이 러시아 혁명 이후에 어떤 일이 벌어졌는지 설명할 수 있다면,

즉 독일 혁명이 패배해 러시아가 고립되고 노동자 국가가 타락하고 결국 스탈린이 득세해 혁명의 무덤을 파고 국가자본주의를 건설하게 된 과정을 얘기할 수 있다면, 그 당원은 이론을 확실히 체득한 것이다. 당원은 비당원들과 대화하는 과정에서 자기가 무엇을 알고 있는지, 그리고 더 중요하게는 자기가 무엇을 모르는지, 그래서 무엇을 배워야 하는지 깨닫게 될 것이다.

마르크스주의의 핵심은 변증법, 즉 당원과 비당원의 대화다. 당원 개인이 다른 사람들과 토론하면서 그들을 획득할 수 있는 방법은 무엇일까? 비결은 혁명적 신문을 판매하는 것이다. 거리에서, 시위 대열에서 판매할 뿐 아니라 직장 동료, 이웃, 학교 친구에게도 일상적으로 판매해야만 그들을 잘 알 수 있고 나중에 그들과 토론할 수 있다.

레닌은 혁명적 신문이 당의 조직자라고 썼다. 어떻게 조직자 구실을 할까? 신문 판매와 수금을 조직함으로써 당의 내부 조직자 구실을 할 뿐 아니라 당원들이 주변 사람들을 조직할 수 있게 함으로써 [외부] 조직자 구실을 하기도 한다. 사회주의노동자당에서 우리는 집회, 시위, 거리에서 신문을 판매하는 것을 제외하면 당원 개인이 주변 사람들에게 일상적으로 판매하는 것이 가장 중요하다는 사실을 당연하게 생각한다. 상당수의 주변을 갖추지 못한 조직은 혁명 조직이 아니라 수동적 종파로서 그들은 틀림없이 쇠퇴하기 마련이다. 주변이 없는 '혁명가'들은 물을 떠난 물고기나 마찬가지다.

04

'세계화'의 신화와 현실

최근에 '세계화'라는 새로운 단어가 유행하기 시작했다. 보수 정당, 개혁주의 정당 할 것 없이 모든 정당의 지도자들은 세계화를 하늘의 뜻인 양 떠받든다. 신문, 텔레비전, 기업 보고서, 노조 지도자들도 예외는 아니다. 세계화론을 한마디로 요약하면 세계 시장과 다국적기업들의 힘이 너무 강력하기 때문에 모든 나라, 어떤 다국적기업의 노동자들이라 할지라도 완전히 무기력하다는 것이다.

에드워드 모티머는 보수 우파의 신문인 〈파이낸셜 타임스〉에 기고한 글에서 《공산당 선언》을 인용해 세계화론을 뒷받침하려 했다. 그는 《공산당 선언》의 다음 구절을 인용했다.

끊임없이 팽창하는 시장의 필요성 때문에 부르주아지는 온 세상을 훑고 다녀야 한다. 부르주아지는 어느 곳에나 둥지를 틀어야 하고, 정착해야 하며, 연고를 맺어야 한다.

부르주아지는 세계시장을 개척함으로써 모든 나라의 생산과 소비에 세계적 성격을 부여했다. 오래된 일국적 산업들은 모두 이미 파괴됐거나 날마다 파괴된다. 더는 토착 원재료를 가공하지 않고 가장 먼 곳에서 끌어온 원재료를 가공하면서도 그 생산물이 국내뿐 아니라 지구상의 모든 곳에서 소비되는 … 새로운 산업들이 낡은 산업들을 몰아내고 있다. … 전에는 지역과 민족에 따라 서로 단절돼 있던 세계가 이제는 모든 방향으로 상호 작용하고 있으며 국가들은 전 세계적으로 상호 의존하고 있다.

에드워드 모티머는 마르크스가 세계화론의 아버지라고 주장하면서 마르크스에게 경의를 표하고자 했지만 사실 그는 마르크스를 모욕한 것이다. 마르크스주의 경제학과 부르주아 경제학을 잠깐 비교해 보자.

마르크스는 자신이 고전 경제학자 애덤 스미스와 더 중요하게는 데이비드 리카도에게 학문적으로 크나큰 빚을 졌음을 분명히 했다. 그러나 자신의 이론이 단지 고전 경제학 이론의 연속에 불과한 것이 아니라 그것의 부정이며 파괴라는 것도 분명히 했다. 마르크스 《자본론》의 부제는 '정치경제학 비판'이다.

애덤 스미스는 《국부론》(1772년[4] 출판)에서 분업의 효과를 매우 잘 설명하고 있다. 그는 노동자들이 저마다 서로 다른 일을 반복하는 핀 제조 공장을 예로 들었다. 이러한 분업은 생산성을 높여 준다. 마르크스는 이를 인정했지만 분업 때문에 노동자가 비인간화한다는 점도 덧붙였다. 마르크스의 소외 개념은 이것에 뿌리를 두고 있다. 동그란 못을 만드는 동그란 틀도 있고 네모난 못을 만드는 네모난 틀도 있지만 인간의 형상을 한 틀은 어디에도 없다. 따라서 노동자들은 단순히 체제가 요구하는 대로 만들어지지는 않는다. 그들은 거대한 객관적 요인이 도자기 빚듯 빚어내는 수동적 객체가 아니라 외부의 압력에 분노하고 저항하는 능동적 주체들이다.

애덤 스미스와 리카도는 이윤 추구가 자연스러운 현상이라고 생각했다. 마르크스는 이윤 추구가 특수한 역사적 상황에서 나타난 현상이라고 생각했다. 시장, 즉 서로 다른 자본가들 간의 경쟁(오늘날은 자본주의 기업들이나 자본주의 국가들 간의 경쟁) 때문에 자본가들은 저마다 자본을 축적할 수밖에 없다. 자본축적에 실패하면 망하기 마련이다. 자본주의의 무계획성, 즉 자본 단위들 사이의 경쟁과 개별 자본주의 기업 내부의 독재는 동전의 양면과 같다. 서로 싸우는 자본가들은 경쟁의 비용을 노동자들에게 전가하고, 노동자들은 이에 반발해 투쟁으로 응답한다. 노

---

4 1776년의 오기誤記인 듯하다.

동자들은 역사의 객체가 아니다. 그들은 역사의 주체다. 세계화론은 사회의 꼭대기에 힘이 있고 기층은 무기력하다는 생각을 극단적으로 표현한 것이다.

세계화론은 이런 생각을 정당화한다. 그것은 자유 시장 이데올로기의 일부다.

다른 나라로 들어가려는 이민자들, 특히 유색인종의 이민자나 이주 노동자 들은 범죄자로 취급당한다. 반면에 독일의 폴크스바겐이 영국의 롤스로이스를 인수하기 위해 4억 3000만 파운드를 투자하는 것은 아무런 문제가 되지 않는다. 고용주가 공장의 작업 속도를 높이는 것도 문제 되지 않는다. 그러나 노동자들이 이에 저항하는 것은 불법 사보타주다. 자본의 이동은 경제학 교과서대로 이뤄지지 않는다. 종종 라디오에서는 다음과 같은 뉴스가 흘러나온다. "좋은 소식입니다. 지난해 임피리얼케미컬인더스트리스의 수익이 20퍼센트 상승했습니다." 그렇지만 몇 분 뒤에는 "나쁜 소식입니다. 노동자들이 욕심을 부리고 있습니다. 5퍼센트 임금 인상을 요구하고 있습니다" 하는 뉴스를 듣게 된다.

다국적기업 노동자들의 힘

언뜻 보면 다국적기업의 한 공장에서 일하는 노동자들은 분명 힘이 없는 것처럼 보인다. 포드에 고용된 노동자가 25만 명이라면, 겨우 수천 명에 불과한 영국 포드 공장 노동자들이 무슨 수로 포드 경영진에 맞서겠는가?

그러나 현실은 정반대다. 1996년에 [미국] 오하이오 주 데이턴의 제너럴모터스 브레이크 부품 공장에서 노동자들이 파업에 들어가자 미국, 캐나다, 멕시코 전역에서 제너럴모터스의 생산이 중단됐다. 며칠 만에 12만 5000여 명의 제너럴모터스 노동자들이 일손을 놓았다. 파업 기간 중 회사는 하루 평균 4500만 달러의 손해를 봤고 클린턴 정부는 협상을 타결하라며 노사 양쪽에다 악을 썼다.

덴마크에서 거의 총파업에 가까운 파업이 일어났을 때 스웨덴의 사브는 덴마크에서 필수 부품을 공급받지 못해 자동차 생산을 멈춰야 했다. 핀란드에서도 사브의 컨버터블 자동차 조립라인이 멈춰 섰다. 볼보도 스웨덴과 네덜란드에서 자사의 생산 라인이 아주 심각한 타격을 입었다고 발표했다.

영국 포드 노동자들의 1988년 파업은 사나흘 만에 전 유럽의 포드 공장들을 마비시켰다.

다국적기업들 때문에 개별 단위에 속한 노동자들의 힘은 과거 어느 때보다 커졌다. 앞에서 본 사례들을 1832년에 영국에서 일어난 사상 최초의 총파업과 비교해 보면 더 명백해진다. 그때는 노동자들이 여러 공장을 돌아다니며 다른 노동자들을 파업 대열로 '끌어내야' 했다.

세계화론의 이면에는 지극히 기계적인 형식 논리가 자리 잡고 있다. 변증법적 논리는 여기서 완전히 배제돼 있다. 세계화론의 논리는 미국 국방부가 베트남 전쟁 개시를 결정하게 된 동기와 비슷하다. 미국 국방부는 미국의 군사력이 천하무적이라고 확신하며 베트남을 얕잡아 봤다. 그러면서 다음과 같은 논리를 폈다. 19세기에 영국은 인도를 굴복시켰다. 1960년대 미국의 군사력은 19세기 영국의 군사력보다 비할 바 없이 강력하다. 동시에 베트남은 인도보다 영토도 작고 인구도 훨씬 더 적은 나라다. 따라서 19세기에 영국이 인도를 이길 수 있었다면, 20세기에 미국이 베트남을 이기는 것은 당연지사다.

그러나 변증법적으로 들여다보면 사실은 정반대다. 1857년 인도 반란으로 영국군 병사 한 명이 죽었을 때 영국이 받은 타격은 과연 어느 정도였는가? 제복 입은 노동자인 영국군 병사의 가치는 얼마나 될까? 100파운드라고 치자. 미국 군사력의 가치는 비할 바 없이 크다. 미군 전투기 한 대가 100만 달러라고 하자. 베트남인들이 수류탄을 던지기에 더할 나위 없이 매력적인 목표물 아닌가.

세계화와 국민국가

세계화론의 주창자들이 내세우는 또 다른 주장은, 이제 국민국가는 실업에 대해 아무런 조치도 취할 수 없으며 세계화 때문에 케인스주의가 파멸했다는 것이다.

제2차세계대전이 시작될 때부터 1973년에 이르기까지 세계는 자본주의 역사상 가장 긴 경제 호황을 경험했다. 이러한 장기 호황은 케인스주의 덕분에 가능했다는 것이 당시의 정설이었다. 세금 감면과 저금리 유지, 정부 지출 확대, 경제성장을 위한 수요 관리, 이러한 것들이 바로 케인스주의 정책이다. 케인스주의를 가장 열렬하게 지지한 것은 십중팔구 1956년에 출판된 앤서니 크로슬랜드의 책 《사회주의의 미래》였을 것이다. 크로슬랜드는 자본주의의 무계획성이 사라지고 있으며 그와 함께 계급투쟁도 사라지고 있다고 주장했다. 자본주의가 점점 더 합리적이고 민주적인 체제로 변하고 있다는 것이었다. 자본주의 자체도 평화롭게 해체될 것이었다. 크로슬랜드는 인간의 필요를 충족하기보다는 이윤을 창출하기 위해 생산이 이뤄진다는 등의 얘기가 순 엉터리라고 생각했다. 그는 "사적 산업이 드디어 인간화하고 있다"고 말했다.

'평화적 혁명'이 시작됐고 계급투쟁은 상상하기조차 어렵게 됐다는 것이다. 크로슬랜드는 "오늘날 정부와 고용주들이 동맹을 맺고 의도적으로 노동조합을 공격하는 것은 상상할 수도 없다"고 썼다. "영국은 대중적 풍요로 향하는 문턱에 서 있다." 사회주의자들은 경제적 문제가 아닌 다른 곳으로 관심을 돌려야 한다는 것이다. 어디로?

우리는 점차 다른 분야로, 장기적으로 더 중요한 분야로 관심을 돌려야 한다. 개인의 자유, 행복, 삶의 자극 … 더 많은 노천카페, 더 밝고 활기찬 밤거리, 호텔과 식당 서비스의 개선 … 공공장소를 더 많은 벽화와 그림으로 꾸미기, 가구·도자기·여성 의류의 디자인 향상, 새 주택가 중심에 조각상 세우기, 가로등과 공중전화 박스의 디자인 개선 등등 관심을 돌려야 할 분야는 끝이 없다.

내가 보기에는 자본주의가 나이를 먹으면서 인간적이고 합리적인 모습을 띠게 됐다는 생각은 당시에도 황당하기 짝이 없었지만 오늘날에는 특히 더 그렇다. 마르크스의 말을 빌리자면, "피와 오물을 뒤집어쓰고" 탄생한 자본주의가 질적으로 변할 수는 없었다. 사실 오늘날의 자본주의는 100년 전의 자본주의보다 훨씬 야만적이다. 유대인 가스실과 히로시마·나가사키 원폭을 떠올려 보라. 그리고 제3세계 국가들을 쥐어짜는 은행들 때문에 해마다 2000만 명의 어린이가 죽어 간다는 사실을 생각해 보라.

1933년에 800만 명이나 됐던 실업자들이 몇 년 뒤에는 사라졌다. 히틀러가 케인스의 책을 읽어서 그렇게 된 것이 아니라 재무장 정책 덕분이었다. 장기 호황을 설명해 주는 것은 상시 군비 경제 이론이다. 1957년 3월에 나는 "상시 전쟁 경제의 전망"이라는 글에서 재무장이 자본주의의 안정에 미치는 영향과 그 과정에서 발생하는 모순이 어떻게 호황의 기반을 허물 수밖에 없는지 설명하려 했다. 간단히 요약하자면 이렇다. 주요 자본주의 국가들이 모두 다 무기 생산에 상당한 자원을 투여한다면 시장이 창출되고 이윤율 저하 속도가 지연될 것이다. 그러나 주요국 가운데 한둘이 그렇게 하지 않고 군비에 훨씬 적게 투자한다면 그들은 다른 국가들보다 호황의 이득을 더 많이 챙길 것이고 탱크나 전투기가 아니라 산업 현대화에 더 많은 재원을 투자할 수 있을 것이다. 그리고 이런 나라들이 결국 경쟁에서 승리할 것이다. 그리고 현실은 정확히 예측한 대로 흘러갔다. 미국, 소련, 영국이 방위산업에 엄청난 돈을 퍼붓는 동안, 서독과 일본은 아주 조금만 썼다. 그 결과 엔화와 마르크화의 가치가 달러화나 파운드화보다 훨씬 높아졌다. 베트남 전쟁이 끝난 1973년에는 달러가 폭락하고 유가가 천정부지로 치솟았으며 케인스주의가 사망 선고를 받았다.

1976년 노동당 대회에서 노동당 정부의 총리였던 제임스 캘러헌은 다음과 같이 선언했다.

우리는 소비를 늘리면 불황을 극복할 수 있다고 믿었고 세금 감면과 정부 지출 확대를 통해 일자리를 늘릴 수 있다고 생각했습니다. 그러나 이제는 솔직하게 말하건대 그런 방식은 더는 통하지 않습니다.

케인스주의는 통화주의로 대체됐다. 대처의 정책은 총리가 되기 전부터 이미 현실로 나타나 있었다. 〈파이낸셜 타임스〉의 정치부장 피터 리델의 말을 빌리면 "대처의 정책은 이미 데니스 힐리(노동당 정부의 재무장관)의 실험을 거친 바 있다."

[경제 위기라는] 폭풍 속에서 개혁주의는 완전히 파산했다. 그것은 마치 종이로 만든 우산을 들고 있는 것과 마찬가지다. 비가 내리지 않을 때만 쓸모가 있는 것이다.

자본주의의 공격을 막아내고 개혁의 성과들을 지키려면 개혁주의의 한계를 뛰어넘어야만 한다. 지금은 오직 혁명가들만 일관되게 개혁을 위해 싸울 수 있다.

자본가가 공장을 폐쇄하기로 결정하면 노동자들은 자본가의 소유권에 도전해야 한다. 실업 문제를 해결하려면 임금 삭감 없이 노동시간을 대폭 단축해야 한다. 만일 자본가가 노동시간 단축 때문에 공장 문을 닫아야 한다고 말하면 노동자들은 다시 한 번 자본가의 소유권에 도전해야 한다.

자본주의와 사회주의 사이에는 심연이 있다. 개혁주의자들의 생각과는 달리, 한 체제에서 다른 체제로 이행하는 과정은 결코 점진적이지 않다. 작은 발걸음으로는 도저히 심연을 건널 수 없다. 의심나는 사람은 직접 시험해 보시라. 고층 건물 옥상으로 올라간 다음 멀리 떨어진 또 다른 고층 건물을 찾아보라. 한 발짝씩 걸어서 이쪽 옥상에서 다른 건물 옥상으로 갈 수 있다면 개혁주의가 옳다는 것이 입증될 것이다.

05

스탈린주의 체제 ― 국가자본주의

사체 부검

9년 전에 베를린 장벽이 무너졌다. 그 직후에 동유럽과 소련의 스탈린주의 정권들도 무너졌다.[5]

51년 전인 1947년에 나는 스탈린주의 체제가 국가자본주의라고 결론지었다. 나는 두 권의 책에서 국가자본주의 이론을 발전시켰다. 그러나 역사의 검증을 받기 전에는 아무도 자신의 이론을 확신할 수 없다. 스탈린주의 체제가 붕괴함으로써 국가자본주

---

5   이 책의 영어 원서는 2000년에 출판됐는데, 5장은 1998년에 쓴 듯하다.

의 이론의 옳고 그름을 검증할 수 있게 됐다. 어떤 의사는 환자에게 암이라고 하고 다른 의사는 결핵이라고 주장할 경우, 환자가 죽은 뒤에 부검을 해 보면 누가 옳았는지 알 수 있다.

스탈린주의 체제의 붕괴로 그러한 부검이 가능해졌다. 만일 소련이 사회주의 국가였거나 스탈린주의 체제가 노동자 국가였다면 — 비록 그것이 퇴보하거나 변질됐다 하더라도 — 스탈린주의가 붕괴했다는 것은 곧 반혁명이 일어났음을 뜻한다. 당연히 노동자들은 자신들의 국가를 지키려고 했을 것이다. 노동조합이 아무리 우파적이고 관료적이더라도 누군가가 그것을 파괴하려 하면 이에 맞서 싸우듯이 말이다. 노동자들은 아무리 힘없는 노조라도 자신들을 지켜 주는 조직이라는 것을 경험을 통해 알고 있다. 노조가 있는 작업장의 노동자들은 노조가 없는 곳보다 보수나 노동조건이 더 좋다.

1989~91년에 소련과 동유럽의 노동자들이 자국 체제를 방어했을까? 전혀 그렇지 않았다. 노동자들은 완전히 수동적이었다. 1984~85년 영국 광원 파업 때보다도 폭력 충돌이 적었다. 오직 루마니아에서만 폭력적으로 체제를 방어하는 일이 벌어졌다. 그러나 체제를 방어한 사람들은 노동자들이 아니라 루마니아 비밀경찰이었다.

둘째, [스탈린주의 체제의 붕괴가] 반혁명이었다면 사회 상층 인사들이 축출됐을 것이다. 그러나 스탈린주의 체제의 붕괴에서 드러난

특징은 옛 체제에서 경제·사회·정치를 주무르던 인물들, 즉 노멘클라투라가 여전히 상층에 남아 있었다는 점이다. 1989~91년의 변화는 일보 전진도 일보 후퇴도 아닌 옆걸음질이었을 뿐이다.

그러므로 옛 스탈린주의 체제와 현재 러시아와 동유럽의 체제 사이에는 질적 차이가 없음이 명백하다. 지금의 체제가 자본주의라는 것을 부정하는 사람은 아무도 없다. 따라서 과거에도 자본주의였다.

소련 국가자본주의의 탄생

1917년 10월 혁명으로 러시아 노동계급은 권력을 장악했다. 혁명의 국제적 영향력은 실로 엄청났다. 독일, 오스트리아, 헝가리에서 노동자 혁명이 일어났고, 프랑스, 이탈리아 등지에서 대중적 공산당이 성장했다. 레닌과 트로츠키는 러시아 혁명의 운명이 독일 혁명의 성공에 달려 있음을 믿어 의심치 않았다. 그들은 독일 혁명이 패배하면 러시아 혁명은 반드시 파멸할 것이라고 거듭 강조했다.

비극적이게도 독일 혁명(1918~23년)은 패배하고 말았다. 경험 많은 간부들로 구성된 혁명정당이 없었던 것이 혁명을 파멸에 이르게 한 원인이었다. 혁명정당이 없어서 패배로 끝난 프롤레타리아 혁명을 우리는 거듭 목격했다. 1936년 스페인과 프랑스,

1944~45년 이탈리아와 프랑스, 1956년 헝가리, 1968년 프랑스, 1974년 포르투갈, 1979년 이란, 1980~81년 폴란드.

1923년 독일 혁명의 패배는 러시아에 비관주의와 우경화의 바람을 몰고 왔다. 1923년에 스탈린은 노골적 반트로츠키 캠페인을 시작했다. 죽음 직전의 레닌이 병석에 누워 1년여 동안 활동을 할 수 없었던 것이 스탈린에게는 득이 됐다. 스탈린주의의 성장이 러시아 혁명의 고립과 세계 자본주의 체제의 압력이 빚어낸 결과였다는 트로츠키의 설명은 분명 옳았다. 따라서 트로츠키가 당시 스탈린주의 체제를 변질된 노동자 국가로 묘사한 것도 옳았다.

그렇지만 세계 자본주의 체제의 압력이 무한정 지속된다면 어떻게 될까? 압력의 양적 차이가 체제를 질적으로 바꿔 놓지 않을까?

미친개가 사람을 물려고 하면 사람도 맞대응해야 한다. 개가 폭력적이면 사람도 폭력으로 맞서야 한다. 물론 사람이 개를 물어뜯을 수는 없으므로 사람은 몽둥이를 사용해야 한다. 사람이 개를 죽이면 맞대응은 끝난다. 개가 사람을 죽여도 마찬가지로 맞대응은 끝난다. 그러나 어느 쪽도 상대방을 죽일 만큼 강력하지 못해서 몇 달 동안 같은 방에서 서로 대치하면 어떻게 될까? 그렇게 되면 결국 사람과 개가 똑같은 몰골을 하게 될 것이다.

소비에트 체제는 독일, 영국, 미국, 프랑스, 이탈리아, 일본, 루마니아, 핀란드, 라트비아, 리투아니아, 터키 군대의 침략에 직면했다. 러시아의 백군까지 가세한 이 대군은 적군을 꺾지는 못했다. 반면에 러시아의 혁명정부 역시 전 세계의 자본주의 국가들을 무너뜨리지 못했다. 그래서 결국 세계 자본주의 체제의 압력을 받은 스탈린주의 체제는 점점 자본주의를 닮아 갔다. 러시아 군대와 경제의 운동 법칙은 세계 자본주의 체제의 운동 법칙과 동일했다.

1928년에 스탈린은 러시아가 15년이나 20년 안에 선진 산업국가들을 따라잡아야 한다고 선언했다. 이 말은 곧 영국이 100년이상 걸려 이룩한 산업혁명의 성과를 러시아는 겨우 한 세대 만에 달성해야 한다는 뜻이었다. 영국에서는 인클로저 운동이 농민을 토지에서 쫓아내고 자본주의 발전을 촉진하는 데 300년이 걸렸다. 러시아에서는 소위 '집산화' 정책으로 농민을 수탈하는 데 단 3년이 걸렸다.

수천만 가구의 농민이 토지를 빼앗긴 채 집단농장으로 끌려왔다. 그들에게서 쥐어 짜낸 잉여 농산물은 세계시장에서 기계류를 구매하기 위한 수입원이었으며 새로운 산업 노동자 수백만 명을 먹여 살리는 값싼 식량이었다. 수백만 명이 시베리아의 강제 노동 수용소, 즉 굴라크로 끌려갔다. 스탈린의 집산화가 불러온 공포는 마르크스가 《자본론》 1권에서 인클로저를 묘사한 말을 떠올리게 한다. "자본주의는 그 시작부터 끝까지 피와 오물로 뒤범벅이 돼 있다."

러시아에서 노예노동이 한 구실은 미국의 노예제가 미국 자본주의라는 바퀴가 잘 굴러가도록 기름칠한 것이나 노예무역이 영국 자본주의를 발전시킨 것과 비슷했다. "브리스틀의 담벼락은 흑인 노예들의 피로 뒤덮여 있다."

스탈린은 군산복합체를 건설하면서 경쟁국들보다 훨씬 열악한 기반에서 시작해야 했지만, 그 야심만큼은 결코 뒤지지 않았다. 나치 독일이 탱크와 전투기를 보유하고 있는 판에 러시아의 생산력이 그대로 반영된 무기를 만들 수는 없었고(1928년에 러시아 농민들은 트랙터가 없어서 나무 쟁기로 농사를 지어야 했다) 독일의 생산력에 상응하는 무기를 만들어야 했다.

러시아의 산업화는 군수산업의 기반인 중공업에 훨씬 더 중점을 뒀다.

나는 러시아에서 여러 차례 시행된 5개년계획들을 서로 비교한 결과 아주 흥미로운 사실을 발견했다. 1~5차 5개년계획의 생산 목표와 실적을 대조해 봤다(스탈린 치하 러시아에서는 아무도 감히 이런 일을 하지 못했을 것이다).

중공업의 경우, 철강 생산 목표는 1차 계획에서 1040만 톤, 2차 계획에서 1700만 톤, 3차 계획에서 2800만 톤, 4차 계획에서 (전쟁 때문에 약간 낮아진) 2540만 톤, 5차 계획에서 4420만 톤이었다. 그래프가 급상승하고 있음을 쉽게 알 수 있다. 전력, 석탄, 선철 등도 마찬가지다.

그러나 소비재의 경우에는 정반대의 그림이 나온다. 면제품을 예로 들면, 1차 계획의 생산 목표는 470만 미터, 2차 계획은 510만 미터, 3차 계획은 490만 미터, 4차 계획은 470만 미터였다. 즉 20년 동안 목표량이 전혀 증가하지 않았다. 모직물의 경우는 훨씬 더 형편없다. 1차 5개년계획은 2억 7000만 미터까지 생산을 늘릴 계획이었지만, 2차 계획에서 2억 2700만 미터, 3차 계획에서 1억 7700만 미터, 4차 계획에서 1억 5900만 미터로 하향 조정됐다. 20여 년 동안 생산 목표가 거의 40퍼센트 감소한 것이다.

러시아는 스푸트니크 위성은 잘 만들면서 신발은 제대로 만들지 못한 것이다.

자본주의는 자본축적의 필요성에 지배받는다. 포드가 제너럴모터스에 밀리지 않으려면 투자해야만 한다. 자본주의 기업들 사이의 경쟁은 각각의 기업에 더 많이 투자하고 더 많은 자본을 축적하도록 강요한다. 자본가들 사이의 경쟁은 또한 각각의 자본가가 노동자에 대한 착취를 강화하도록 강요한다. 노동자에 대한 자본의 압제는 자본들 사이의 경쟁이라는 동전의 뒷면이다.

이것은 러시아 노동자와 농민에 대한 스탈린주의의 압제에도 마찬가지로 적용된다. 강제 노동 수용소 같은 가혹한 착취 체제는 러시아 자본주의가 다른 자본주의 열강들, 특히 나치 독일과 경쟁하는 과정에서 생겨난 부산물이다.

1947년 이후로 나는 소련이나 소비에트사회주의공화국연방 USSR이라는 말을 단 한 번도 사용한 적이 없다. 이 말은 새빨간 거짓말이다. 스탈린이 지배한 러시아에는 소비에트가 없었다. 모든 선거에 (나치 독일에서 그랬듯이) 단독 후보가 출마했고, 후보의 득표율은 99~100퍼센트였다. 단 한 번의 예외는 1947년의 최고 소비에트 선거에서 스탈린이 140퍼센트를 득표한 경우였다. 다음 날 〈프라우다〉는 이웃 선거구의 유권자들이 열렬한 지지를 표명하려고 스탈린에게 투표했기 때문에 생긴 일이라고 해명했다. 대개 선거 결과는 투표가 끝난 뒤에 발표됐지만 여기에도 단 한 번의 예외가 있었다. 1940년에 라트비아, 리투아니아, 에스토니아의 소비에트연방 가입 문제를 놓고 치러진 국민투표 결과는 모스크바의 타스 통신사가 범한 실수 때문에 투표 하루 전에 발표됐다. 그래서 〈타임스〉는 투표가 이뤄지기도 전에 투표 결과를 공표했다.

소련을 연방이라고 부를 수는 없다. 연방은 자발적 결합이다. 인도와 영국이 연방이 아니었듯이 우크라이나와 러시아도 연방이 아니었다. 소련은 연방이 아니라 제국이었다. USSR의 세 번째 글자 S는 사회주의를 나타낸다. [그러나] 러시아는 사회주의가 아니라 국가자본주의였다. 마지막 글자 R은 공화국을 나타낸다.

[그러나] 그것은 공화국, 즉 민주주의가 아니라 전체주의 독재 체제였다.

국가자본주의 이론에 대한 반론

국가자본주의 이론을 반박하는 논리는 크게 세 가지다. 첫째로, 자본주의는 곧 사적 소유를 뜻하는데 러시아에서는 생산수단이 국가 소유였으므로 자본주의가 아니었다는 것이다.

둘째로, 자본주의와 계획경제는 양립할 수 없는데 러시아는 계획경제였다는 것이다.

셋째로, 자본주의 사회가 사회주의 사회로 바뀌려면 정치혁명뿐 아니라 사회혁명도 필요한데 스탈린주의 러시아에서는 정부구조를 바꾸기 위한 정치혁명만으로도 충분했다는 것이다.

이상의 세 주장을 차례대로 살펴보자.

1847년에 프랑스의 혼란스런 사회주의자 프루동은 자신의 저서 《빈곤의 철학》에서 자본주의는 사적 소유와 같은 것이라고 썼다. 마르크스는 프루동에 대한 통렬한 비판서 《철학의 빈곤》에서 "사적 소유는 법률적 추상"이라고 썼다. 만일 자본주의가 사적 소유와 같은 것이라면 사적 소유가 존재했던 노예제 또한 자본주의였으며 사적 소유가 존재했던 봉건제도 자본주의였을 것이다. 프루동의 사상은 뒤죽박죽이었다. 소유의 형태는 하나의 형식일 뿐 그 내용을 말해 주지는 않는다. 사적 소유는 노예제, 농노제, 임금노동과 공존할 수 있다. 누군가가 "내 잔은 가득 찼다"고 말하더라도 그 잔에 가득 찬 것이 무엇인지는 알 수 없다. 그것은 술일 수도 있고 물일 수도 있으며 쓰레기일 수도 있다. 용기와 내용물은 서로 다른 것이기에 같은 내용물을 다른 용기에 채울 수도 있다. 물은 컵에 따를 수도 있고 병이나 술잔에 따를 수도 있다. 사적 소유가 노예제, 농노제, 임금노동을 포함할 수 있다면, 당연히 노예제도 사적 소유나 국가 소유와 공존할 수 있다. 이집트의 피라미드는 노예들이 건설했다. 노예들이 "사적 소유주가 아니라 파라오, 즉 우리를 소유한 국가를 위해서 일하게 돼 정말 다행이다" 하고 생각했을 리 만무하다. 중세 시대에는 촌락에 사는 농노와 장원에 사는 영주 사이의 관계가 지배적이었다. 농노 중에는 교회 토지에서 일하는 이들도 있었다. 그렇지만 교회가 개인의 소유가 아니었다고 해서 교회 토지에서 일하는 농노의 부담이 더 가벼운 것은 아니었다.

자본주의에는 계획이 존재하지 않는데 스탈린주의 러시아에는 계획이 있었다는 주장은 어떤가? 이것 역시 잘못된 주장이다. 자본주의의 특징은 개별 생산 단위에서는 계획이 존재하는 반면 생산 단위들 사이에는 계획이 존재하지 않는다는 것이다. 포드 자동차 공장에서는 계획이 이뤄진다. 포드 공장에서 자동차 한 대당 엔진 1.5개, 바퀴 3개를 생산하는 일은 없다. 엔진, 바퀴 등의 생산량은 중앙집중적 통제에 따라 결정된다. 그러나 포드 공장에는 계획이 있지만, 포드와 제너럴모터스 사이에는 무계획성이 존재한다. 스탈린주의 러시아 내부의 경제는 계획적이었지만, 러시아 경제와 독일 경제(예를 들자면) 사이에는 전혀 계획이 없었다.

정치혁명과 사회혁명을 구별하는 세 번째 주장은 국가가 부를 독점하고 있는 경우에는 맞지 않는다. 1830년 프랑스에서는 정치혁명이 벌어졌다. 왕정이 타도되고 공화국이 수립됐다. 그러나 이 때문에 사회구조가 바뀌지는 않았다. 국가가 아니라 자본가들이 부를 소유하고 있었기 때문이다. 국가가 부를 독점하고 있는 경우에는 지배자들한테서 정치권력을 빼앗는 것이 곧 경제권력을 빼앗는 것과 같다. 이 경우 정치혁명과 사회혁명을 구별하는 것은 무의미하다.

스탈린주의는 국제 노동계급 운동을 혼란과 사기 저하의 늪에 빠뜨렸다

스탈린은 일단 러시아 정부에 대한 지배력을 확립하고 나자 전 세계의 공산당들을 러시아의 대외 정책에 종속시켰다.

몇 가지 사례를 살펴보자. 독일에서 히틀러가 승리하기 직전에 트로츠키가 나치를 저지하기 위한 모든 노동자 조직들의 공동전선을 주장했을 때, 스탈린은 트로츠키와 독일 사회민주당을 '사회파시스트들'이라고 불렀다.

히틀러가 승리하고 2년이 지난 뒤에 프랑스의 우파 총리가 모스크바를 방문해 러시아·프랑스 동맹을 체결하자 정책 기조가 달라졌다. [프랑스의] 공산주의자들은 민주국가 프랑스를 지지해야 한다는 것이었다. 그래서 공산주의자들은 프랑스의 국방 예산에 찬성표를 던졌다. 매사가 그런 식이었다.

히틀러와 스탈린이 협정을 맺은 뒤인 1939년 8월에 공산당들은 다시 방향을 바꿨다. 독일이 폴란드 서부를 점령하고 러시아가 동부를 점령했을 때 러시아 외무장관이었던 몰로토프는 "동쪽에서 한 번 치고 서쪽에서 한 번 쳤더니 베르사유조약이 만들어 낸 이 흉측한 피조물은 끝장났다"고 선언했다. 폴란드는 분명 흉측한 피조물이었다. 그러나 몰로토프는 300만 명의 유대인과 수백만 명의 폴란드인도 이제 끝장났다고 덧붙일 수 있었을 것이다.

나는 1940년 5월 1일 〈프라우다〉가 사설에서 소련과 독일이 평화를 사랑하는 양대 국가라고 언급한 것을 결코 잊지 못할 것이다. 그때는 히틀러가 독일을 지배하고 있을 때였다.

1941년 6월에 독일이 러시아를 침공하자 스탈린주의 정당들의 노선이 급격하게 변했다. 〈프라우다〉는 '좋은 독일인이란 죽은 독일인뿐이다'라는 구호를 계속 지면에 실었다. 1943년에 나는 일리야 에렌부르크가 〈프라우다〉에 쓴 기사를 읽었다. 러시아 병사와 마주친 독일 병사가 두 손을 들고 "나는 대장장이 아들입니다" 하고 말했다. 이는 분명히 계급의식적 발언이었다. 러시아 병사의 반응은 어땠을까? "그래도 너는 더러운 독일 놈이야" 하고 말하면서 그를 총검으로 찔러 죽였다.

러시아의 대외 정책이 갈팡질팡하면서 각국 공산당 지도자들은 종종 혼란에 빠졌다. 나는 제2차세계대전이 발발한 지 몇 개월 뒤에 체포됐고 팔레스타인 공산당PCP 사무총장과 같은 감방을 쓰게 됐다. 전쟁이 터졌을 때 그는 그 전쟁이 파시즘에 대항한 전쟁이라고 생각했다. 그래서 영국군에 지원하기로 마음먹었다. 그렇지만 정부의 행정 처리는 굼뜨기 마련이라, 입대 신청을 한 지 두 달이 지나서야 감옥을 나와 영국군에 입대해도 좋다는 답변을 받았다. 그러나 그 두 달 사이에 그는 자신이 참여하려 했던 전쟁이 반反파시즘 전쟁이 아니라는 사실을 깨달았고, 그래서 입대하기를 거부하며 감옥에 남았다. 감옥에는 트로츠키주의자들이 네 명 있었는데, 우리는 우리 자신은 죄수들이지만 메이르 슬로님 사무총장은 자발적 죄수라고 부르곤 했다. 사실, 오락가락하는 공산당의 노선은 하이파 시내의 거리에서도 잘 드러났다. 한쪽 벽에는 "반파시즘 전쟁 만세! PCP"라는 구호가 적혀 있었고 바로 옆에는 "제국주의 전쟁을 끝장내자! PCP"라는 구호가 적혀 있었다. 1941년에 독일이 러시아를 침공하자 새로운 구호가 나타났다. "히틀러와 그의 첩자 처칠을 타도하자! PCP." 그러나 곧바로 또 다른 구호가 등장했다. "적군과 그 동맹군 영국군 만세! PCP." 이 모든 구호는 똑같은 전쟁에 대한 구호들이었다.

전쟁 막바지에 유럽이 혁명적 격변에 휩싸였을 때 공산당들은 모스크바의 방침에 따라 혁명의 불길을 억눌렀다. 1944년 8월에 공산당이 지도한 프랑스 레지스탕스는 파리에서 독일군을 몰아냈다. 그러자 프랑스 공산당 사무총장 모리스 토레즈가 모스크바에서 파리로 날아와 "하나의 군대, 하나의 경찰, 하나의 국가"를 선언했다. 그리하여 프랑스 레지스탕스는 무장해제 당했다.

이탈리아에서도 공산당이 지도한 레지스탕스는 무솔리니의 지배를 끝내는 데 성공했다. 그러나 당시 이탈리아 공산당 사무총장 톨리아티는 재빨리 모스크바에서 이탈리아로 귀국해, 무솔리니와 협력했던 이탈리아 국왕 지지자들과 무솔리니의 친구였던 장군들로 구성된 정부를 지지한다고 선언했다.

각국의 스탈린주의 정당들이 혁명을 배신한 사례는 이것 말고도 무수히 많다. 제2차세계대전 말에 혁명의 가능성은 제1차세계대전 말보다 훨씬 더 컸다. 그러한 가능성이 실현되지 못한 데는 스탈린주의 정당들의 구실이 결정적이었다.

국가자본주의 이론의 중요성

스탈린주의는 60년 넘게 국제 노동계급 운동의 대중적 지지를 받았다. 그동안 혁명적 사회주의인 트로츠키주의는 찬밥 신세를 면치 못했다. 공산주의를 자처한 스탈린주의의 호소력은 그만큼 엄청났던 것이다.

그러나 러시아에서 스탈린주의 체제가 붕괴하자 상황이 변했다.

1990년 2월에 영국 공산당의 정신적 지도자 에릭 홉스봄은 "소련에서 노동자들이 노동자 국가를 전복하고 있는 것 같은데 어떻게 생각하느냐?"는 질문을 받고는 이렇게 대답했다. "소련은 누가 봐도 노동자 국가가 아니었다. 소련 사람들 가운데 소련이 노동자 국가라고 믿은 사람은 아무도 없었으며 노동자들은 소련이 노동자 국가가 아니라는 것을 잘 알고 있었다." 홉스봄은 어째서 50년 전이나 20년 전에는 이런 얘기를 해 주지 않았던가?

[소련] 붕괴 직후에 열린 영국 공산당 집행위원회 회의의 의사록을 읽어 보면 영국 공산당의 이데올로기적 혼란이 얼마나 극심했는지 분명히 알 수 있다. 당 사무총장 니나 템플은 다음과 같이 말했다.

저는 동유럽이 사회주의가 아니었다는 점에서 사회주의노동자당이, 트로츠키주의자들이 옳았다고 생각합니다. 그리고 우리도 오래전에 그렇게 주장했어야 한다고 생각합니다.

니나 템플의 말을 읽다 보면, 교황이 신의 존재를 부정할 때 어떤 일이 벌어질지 문득 궁금해진다. 그렇게 되면 가톨릭교회는 과연 살아남을 수 있을까?

전 세계의 스탈린주의 정당들은 극도의 혼란에 빠져 있다. 반면에 스탈린주의 체제가 무너지기 오래전부터 러시아를 국가자본주의 사회로 규정한 우리는 미래로 가는 다리를 놓았으며 진정한 마르크스주의 전통, 즉 아래로부터 사회주의라는 전통을 보존했다.

스탈린주의 정당들은 세계적으로 광범한 지지를 받았다. 스탈린주의는 자신을 비非스탈린주의자라고 생각하거나 심지어 반反스탈린주의자라고 생각한 많은 사회주의자들에게도 영향을 끼쳤다. 그들의 최대 약점은 스탈린주의의 본질을 잘못 이해한 것이다. 그들은 스탈린이 혁명의 계승자라고 생각했지 혁명의 파괴자라고는 생각하지 않았다. 스탈린과 10월 혁명 사이의 공통점은, 엄청난 부를 축적하고 가난한 자를 억압하고 종교재판을 일삼았던 가톨릭교회와 고리대금업자의 책상을 뒤집어엎고 "부자가 천국에 가는 것은 낙타가 바늘구멍으로 들어가는 것보다 어렵다"고 말했던 나사렛의 목수[예수] 사이의 공통점보다도 적다.

06

마오쩌둥, 피델 카스트로, 체 게바라, 민족해방운동

세 가지 혁명관

트로츠키는 1905년 혁명의 경험에 기초해서 연속혁명 이론을 발전시켰다. 카우츠키, 플레하노프, 레닌을 포함해 그 시대의 마르크스주의자들은 모두 오직 선진 산업국가만이 사회주의 혁명의 준비가 돼 있다고 생각했다. 거칠게 말해, 그들은 한 나라에서 노동자 권력의 탄생 여부는 그 나라가 도달한 기술 발전 단계에 엄격히 좌우될 것이라고 생각했다. 후진국은 선진국을 통해 자신의 미래상을 볼 수 있다는 것이다. 후진국의 노동계급은 오랜 산업 발전 과정과 부르주아 의회 체제를 거친 다음에야 사회주의 혁명의 문제를 제기할 만큼 성숙해진다는 것이다.

볼셰비키와 멘셰비키를 막론하고 러시아의 사회민주주의자들은 모두 다가오는 러시아의 혁명이 부르주아 혁명일 것이라고 내다봤다. 그 혁명은 자본주의 생산력이 전제 권력과 지주 제도, 기타 잔존하는 봉건적 질서와 충돌한 결과일 것이다. 멘셰비키는 필연적으로 부르주아지가 혁명을 지도하고 정치권력을 장악할 것이라고 결론지었다. 그들은 사회민주주의자들이 혁명에서 자유주의적 부르주아지를 지지해야 하며 그와 동시에 자본주의의 틀 안에서 8시간 노동제와 기타 사회 개혁을 위해 투쟁함으로써 노동자들의 특수한 이익을 방어해야 한다고 생각했다.

레닌과 볼셰비키는 다가올 혁명의 성격이 부르주아적이고 그 목적도 부르주아 혁명의 한계를 벗어나지 않을 것이라는 점에 동의했다. 1905년에 레닌은 다음과 같이 썼다. "[다가올] 민주주의 혁명은 부르주아적 사회·경제 관계의 범위를 벗어나지 않을 것이다. … 이 민주주의 혁명은 러시아 부르주아지의 지배력을 약화시키는 것이 아니라 오히려 더욱 강화할 것이다." 그는 이런 주장을 계속 되풀이했다.

레닌은 1917년 2월 혁명 이후에야 그런 생각을 버렸다. 예컨대, 1914년 9월에도 그는 여전히 러시아 혁명의 근본적 과제가 세 가지로 제한돼야 한다고 주장했다. "민주 공화정 수립(그와 함께 모든 민족의 동등한 권리와 완전한 자결권 보장), 대지주의 토지 몰수, 8시간 노동제 도입."

레닌과 멘셰비키의 근본적 차이는 레닌이 자유주의적 부르주아지로부터 노동운동의 독립성을 지켜야 한다고 강조한 점, 그리고 부르주아지의 저항을 물리치고 승리할 때까지 부르주아 혁명을 끝까지 밀고 나가야 한다고 강조한 점이다.

레닌과 마찬가지로 트로츠키도 자유주의적 부르주아지가 어떤 혁명적 과제도 일관되게 수행하지 못할 것이라고 확신했으며 부르주아 혁명의 핵심 요소인 토지혁명은 오직 노동계급과 농민의 동맹을 통해서만 성공할 수 있다고 생각했다. 그러나 트로츠키는 독자적 농민 정당의 가능성에 대해서는 레닌과 의견이 달랐는데, 농민은 부농과 빈농으로 너무 첨예하게 분열해 있어서 하나로 단결해 독자적 정당을 결성하지는 못하리라는 것이 트로츠키의 주장이었다.

트로츠키는 "역사의 모든 경험이 보여 주듯이 … 농민은 결코 독자적 구실을 할 수 없다"고 썼다. 그는 독일 종교개혁 이후의 모든 혁명에서 농민이 줄곧 부르주아지의 이런저런 분파를 지지했지만 러시아에서는 부르주아지의 보수성과 노동계급의 강력함 때문에 어쩔 수 없이 혁명적 프롤레타리아를 지지하게 될 것이라고 생각했다. 혁명은 부르주아 민주주의 과제들을 수행하는 것에서 멈추지 않고 곧바로 프롤레타리아의 사회주의 요구들을 실행하는 데까지 나아갈 것이다. 트로츠키는 다음과 같이 썼다.

자본주의의 성장과 함께 프롤레타리아도 성장하고 강력해진다. 이런 의미에서 자본주의 발전은 프롤레타리아 독재를 향한 발전이기도 하다.

그러나 권력이 프롤레타리아의 수중으로 넘어가는 정확한 날짜와 시간을 결정짓는 직접적 요인은 생산력의 발전 단계가 아니라 계급투쟁의 상태와 국제적 상황, 결국 투쟁의 전통, 주도력, 준비 정도 … 같은 일련의 주관적 요인들이다.

경제적 후진국의 프롤레타리아가 경제적 선진국의 프롤레타리아보다 더 일찍 권력을 장악할 수도 있다. 1871년에 프티부르주아적인 파리의 프롤레타리아는 (실제로 두 달 동안) 사회를 운영했지만, 자본주의의 심장부인 영국과 미국의 프롤레타리아는 단 한 시간도 권력을 장악하지 못했다. 프롤레타리아 독재가 그 나라의 기술력과 자원에 자동적으로 의존한다는 생각은 지극히 단순한 '경제적' 유물론에서 나온 편견이다. 이런 견해는 마르크스주의와 아무 공통점이 없다.

우리 견해로는, 러시아 혁명은 부르주아 자유주의 정치인들이 자신들의 통치술을 충분히 발휘할 기회를 갖기도 전에 권력이 프롤레타리아에게 이양(혁명이 성공하려면 그래야만 한다)될 수 있는 조건을 창출할 것이다.

연속혁명 이론의 또 한 가지 중요한 요소는 다가오는 러시아 혁명의 국제적 성격이었다. 러시아 혁명은 일국적 규모로 시작하겠지만, 다른 선진국의 혁명이 승리해야만 완결될 수 있다는 것이다.

그렇지만, 러시아의 경제 조건에서 노동계급의 사회주의 정책이 얼마나 오래갈 수 있을까? 확실하게 말할 수 있는 것은 한 가지뿐이다. 사회주의 정책이 러시아의 기술적 후진성에 발목 잡히기 훨씬 전에 정치적 장애물에 먼저 봉착할 것이라는 점이다. 유럽 프롤레타리아의 직접적 지원이 없다면 러시아 노동계급은 권력을 유지할 수 없으며 자신들의 일시적 통치를 장기간의 사회주의 독재로 전환할 수 없다.

트로츠키 이론의 기본 요소를 여섯 가지로 요약하면 다음과 같다.

(1) 역사의 무대에 뒤늦게 등장한 부르주아지는 100~200년 전의 선배 부르주아지와 근본에서 다르다. 후발 부르주아지는 봉건제와 제국주의 억압에서 비롯한 문제의 민주적·혁명적 해결책을 일관되게 제시할 능력이 없다. 그들은 봉건제를 철저하게 파괴하지도 못하고 진정한 민족해방과 정치적 민주주의를 이룩하지도 못한다. 선진국과 후진국을 막론하고 부르주아지는 더는 혁명적 세력이 아니다. 그들은 전적으로 보수적인 세력이다.

(2) 결정적인 혁명적 구실은 프롤레타리아의 몫이다. 그들이

아무리 미숙하고 수가 적더라도 말이다.

(3) 농민은 독자적으로 행동할 능력이 없기 때문에 도시를 따를 것이다. 그들은 공업 프롤레타리아의 지도를 따를 것이다.

(4) 토지문제와 민족문제를 일관되게 해결하고 급속한 경제 발전을 가로막는 사회적·제국주의적 속박을 분쇄하려면 부르주아적 사적 소유의 한계를 뛰어넘어야 한다. 민주주의 혁명이 곧바로 사회주의 혁명으로 성장·전환하면서 연속혁명이 된다.

(5) 사회주의 혁명이 "일국의 한계 안에서" 완결되는 것은 "상상할 수도 없다. … 따라서 사회주의 혁명은 새롭고 더 넓은 의미에서 연속혁명이 된다. 즉, 사회주의 혁명은 전 세계에서 새로운 사회가 최종 승리를 거둘 때만 완결되는 것이다." '일국 사회주의'를 달성하려는 시도는 반동적이고 편협한 꿈일 뿐이다.

(6) 따라서 후진국에서 혁명이 일어나면 선진국도 격변에 휩싸일 것이다.

마오쩌둥의 권력 장악

공업 노동계급은 마오쩌둥이 승리하는 데 아무런 구실도 하지 않았다. 중국 공산당의 사회적 구성도 전혀 노동계급적이지 않았다. 마오쩌둥은 공산당이 노동계급 정당의 성격을 상실하고 있던 바로 그때 당내에서 지도자로 부상했다. 1926년 말에는 적어도 당원의 66퍼센트가 노동자였고 22퍼센트가 지식인, 고작 5퍼센트만이 농민이었다. 1928년 11월 무렵에는 노동자 비율이 5분의 4 이상 하락했고, 공식 보고서도 "공업 노동자들 속에 건실한 당 세포가 단 하나도 없다"는 사실을 시인했다. 1928년에 노동자 당원 비율은 10퍼센트에 불과했고, 1929년에는 3퍼센트, 1930년 3월에는 2.5퍼센트, 9월에는 1.6퍼센트로 떨어졌고, 그해 말에는 사실상 노동자 당원이 하나도 없었다. 그때부터 마오쩌둥이 최종 승리를 거둘 때까지 공산당에는 사실상 공업 노동자가 하나도 없었다.

마오쩌둥이 권력을 장악할 때까지 공산당의 전략에서 노동자들이 차지한 위치가 어찌나 하찮았던지, 공산당은 1929년 이후 19년 동안 단 한 번도 전국 노동조합 대회를 개최할 필요를 느끼지 못했다. 공산당이 1937~45년의 결정적 시기에 국민당이 지배한 지역에서 어떤 당 조직도 유지할 생각이 없다고 선언한 데서 드러나듯이, 공산당은 노동자들의 지지를 얻으려고 노력하지도 않았다. 1937년 12월 국민당 정부가 [대일] 전쟁 기간에 파업하거나 파업을 선동하는 노동자를 사형에 처하겠다고 선언하자, 공산당 대변인은 어떤 인터뷰에서 공산당은 정부의 전쟁 수행 방식에 "전적으로 만족한다"고 말했다. 공산당과 국민당 사이에 내전이 발발한 뒤에도 중국의 모든 공업 중심지를 포함하는 국민당 통제 지역에는 공산당 조직이 거의 존재하지 않았다.

공산당과 공업 노동계급의 완전한 분리는 무엇보다 마오쩌둥의 도시 점령 과정에서 여실히 드러났다. 공산당 지도자들은 도시를 점령하기 직전에 도시 노동자들의 봉기를 막으려고 전력을 다했다. 예를 들어 톈진과 베이징을 함락하기 전에 홍군 사령관 린뱌오는 다음과 같은 포고령을 공포했다.

[인민에게 고하노니 — 클리프] 질서를 유지하고 생업을 지속하라. 국민당 관리나 경찰, 성·시·현·지구·향·촌 기타 행정기관과 파오 치아[6] 요원들은 … 자기 자리를 떠나지 말라.

중국 중부와 남부의 대도시(상하이, 한커우, 광저우)를 함락하기 위해 양쯔 강을 건널 무렵 마오쩌둥과 주더도 비슷한 포고령을 내렸다.

모든 업종의 노동자와 종업원은 일을 계속하고 기업도 평소대로 영업을 계속할 것이며 … 중앙정부나 성·시·현 등 각급 지방정부의 국민당 간부들, '국회' 의원들, 입법원과 통제원 위원들, 인민정치협상회의 위원들, 경찰과 파오 치아 조직 수장들은 … 모두 제 위치에서 인민해방군과 인민정부의 명령에 복종하라.

---

6 국민당 보안경찰.

노동계급은 아무 행동도 하지 않으며 이 명령을 순순히 받아들였다. 인민해방군이 난징을 함락하기 이틀 전인 1949년 4월 22일 난징에서 나온 보도는 당시 상황을 다음과 같이 묘사했다.

난징의 시민들에게서 들뜬 모습은 볼 수 없다. 오늘 아침에는 호기심 많은 군중이 강둑에 모여 강 건너편의 총격전을 구경하는 모습이 눈에 띄었다. 상점들은 평소처럼 문을 열었다. 문을 닫은 곳도 있지만 그것은 장사가 안 되기 때문이다. … 극장은 여전히 관객들로 가득 찼다.

한 달 뒤 상하이의 〈뉴욕 타임스〉 특파원은 이렇게 보도했다.

홍군은 주민들에게 두려워할 것 없으니 안심하라는 벽보를 붙이기 시작했다.

광저우에서는

공산당이 도시에 진입하고 나서 경찰서와 접촉해 경찰관들에게 자리를 지키고 치안을 유지하라고 지시했다.

카스트로의 혁명

피델 카스트로의 권력 장악은 농민과 노동계급 어느 쪽도 중요한 구실을 하지 못한 채 중간계급 지식인들이 투쟁의 무대를 독차지한 경우였다. C 라이트 밀스의 《들어라 양키들아》는 쿠바 혁명 지도자들의 진정한 독백이라 할 만한데, 이 책은 무엇보다도 쿠바 혁명이 어떤 것이 아니었는지를 잘 보여 준다.

혁명 자체는 … 임금노동자와 자본가 사이의 투쟁이 아니었다. … 우리의 혁명은 도시의 노동조합이나 임금노동자들이 일으킨 것도 아니고 노동당이나 그 비슷한 것이 일으킨 것도 아니다. … 도시의 임금노동자들은 혁명적 의식이 전혀 없었다.

카스트로의 군대에 농민은 거의 가담하지 않았다. 1958년 4월 말까지도 카스트로 휘하의 무장 병력은 180명을 넘지 않았고 바티스타 정권이 무너질 무렵에도 겨우 803명으로 늘었을 뿐이다.

카스트로 운동은 중간계급 운동이었다. 1956년 12월 카스트로의 지휘 아래 멕시코에서 쿠바로 진입한 82명과 살아남아 시에라 마에스트라에서 투쟁한 12명 모두 중간계급 소속이었다.

처음부터 카스트로의 강령은 중간계급이 받아들일 만한 광범한 자유주의적 개혁의 수준을 넘어서지 않았다. 1958년 2월

《코로넷》잡지에 기고한 글에서 카스트로는 외국자본을 몰수하거나 국유화할 계획이 없다고 밝혔다.

나는 개인적으로 국유화가 기껏해야 걸림돌일 뿐이라고 생각한다. 국유화는 국가를 강화하지도 않으면서 사기업을 약화시킨다. 더욱이 전면적 국유화 시도는 가능한 빨리 산업화를 이룩하려는 우리의 경제 강령의 핵심 목표를 달성하는 데 분명 방해가 될 것이다. 따라서 우리는 해외 투자를 언제나 환영할 것이고 그 안전을 보장할 것이다.

1958년 5월에 그는 자신의 전기 작가인 뒤부아에게 다음과 같이 확언했다.

7월 26일 운동은 단 한 번도 산업을 국유화하거나 사회화하는 문제를 언급하지 않았다. 이러한 오해는 우리의 혁명에 대한 어리석은 공포에서 비롯한 것이다. 우리는 투쟁 첫날부터 우리가 1940년 헌법의 전면 실행을 위해 싸운다는 것을 분명히 밝혔다. 1940년 헌법은 생산에 참여하는 모든 주체에게 권리와 의무를 보장한다고 규정하고 있다. 거기에는 경제적·시민적·정치적 권리 외에 자유로운 기업 활동과 자본 투자를 보장하는 것도 포함된다.

1959년 5월 2일까지도 카스트로는 부에노스아이레스에서 열린 미주기구^{OAS} 경제위원회에서 다음과 같이 선언했다.

우리는 사적 투자를 반대하지 않는다. … 우리는 사적 투자자들의 경험과 의욕을 신뢰하며 그들이 유익한 일을 한다고 믿는다. … 해외 투자를 통해 설립된 회사들도 국내 기업들과 동등한 권리를 누릴 것이다.

카스트로가 1953~58년에 내세웠던 사기업 중심의 온건한 강령을 그토록 쉽게 내던지고 국가 소유와 계획경제라는 강령으로 선회할 수 있었던 이유는, 서로 싸우는 사회 계급들, 즉 노동자와 자본가, 농민과 지주가 무기력했으며 중간계급도 원래 역사적으로 허약했던 반면에, 일관되고 유기적인 이해관계에 얽매여 있지 않았던 카스트로의 신흥 엘리트들은 절대적 힘을 지니고 있었기 때문이다. 카스트로는 1961년 4월 16일이 돼서야 비로소 쿠바 혁명이 사회주의 혁명이었다고 발표했다. [쿠바] 공화국 대통령 오스발도 도르티코스 토라도 박사의 말에 따르면, 쿠바 민중은 "어느 화창한 날 … 자기들을 위한 경사라고 박수갈채를 보냈던 그 사건이 다름 아닌 사회주의 혁명이었다는 사실을 깨닫거나 확인했다." 민중을 역사의 의식적 주체가 아닌 객체로 전락시키는 보나파르트주의적 술수의 훌륭한 본보기가 아닌가!

연속혁명론에서 틀린 부분은 무엇인가?

후발 부르주아지가 보수적이고 소심하다는 트로츠키의 첫 번째 주장은 절대 법칙이지만 신생 노동계급이 혁명적이라는 두 번째 주장은 절대적이지도 않고 필연적이지도 않다. 그 이유는 쉽게 알 수 있다. 노동계급이 일부를 형성하고 있는 이 사회의 지배적 사상은 지배계급의 사상이다. 많은 경우에 한쪽 발은 농촌에 걸친 새로운 노동자들이 유동적인 무정형의 다수를 이루고 있는 상황에서는 자주적 노동자 조직이 뿌리내리기 어렵다. 경험 부족과 문맹은 어려움을 배가시킨다. 이러한 조건들은 또 다른 약점을 만들어 낸다. 즉, 노동계급 외부의 지도력에 의존하게 되는 것이다. 후진국의 노동조합들은 거의 언제나 '외부인들'의 지도를 받는다. 따라서 인도에서는 다음과 같은 일이 벌어졌다.

인도의 노조들은 사실상 모두 산업적 배경이 없는 사람들, 즉 '외부인들'이 지도한다. … 많은 외부인들이 한 개 이상의 노조와 연관 맺고 있다. 명망 있는 어느 전국적 노조 지도자는 자신이 30개 노조의 위원장을 지냈다고 말하면서 그러나 자신이 일을 도와줄 수 있는 노조는 한 군데도 없었다고 덧붙였다!

허약한 데다가 외부인들에게 의존하다 보면 개인 숭배로 빠지기 쉽다. 아직까지도 많은 노동조합들이 개인을 중심으로 움직인다. 강렬한 카리스마를 지닌 한 개인이 노조를 지배한다. 그는 노조의 모든 정책과 행동을 결정한다. 노조는 그 지도자 개인의 노조로 알려진다. 노동자들은 그를 우러러보며 그가 자신들의 모든 문제를 해결해 주고 자신들의 요구를 무엇이든 다 관철할 것이라 믿어 의심치 않는다. 노동자들은 그의 보호에 의존하며 그가 이끌고 가는 곳은 어디든 따라갈 준비가 돼 있다. 이러한 태도에는 영웅 숭배의 요소가 크게 작용한다. 노동운동에는 그러한 영웅들이 상당히 많다. 그들은 노동자들의 요구를 일부 관철하는 데는 도움이 되지만 자주적이고 민주적인 조직을 건설하는 데는 별로 도움이 되지 않는다. 노동자들이 그러한 조직을 건설하려면, 한심하게 저명인사들에게 의존해 그들이 모든 문제를 대신 해결해 주길 더는 기대하지 말고 스스로 일어서는 법을 배워야 한다.

후진국 노동운동의 또 다른 약점은 국가에 대한 의존이다. 인도의 경우,

자유로운 사회라면 보통은 노동조합이 담당할 기능을 국가가 이미 떠맡았다. 현재로서는 임금이나 노동조건을 결정하는 데 주된 구실을 하는 것이 노사 간의 단체 협상이 아니라 국가다. 이는 [인도의] 경제 상황과 노동자들과 노동조합의 취약성 때문에 어느 정도 불가피한 현상이다.

프랑스령 서아프리카의 경우

아프리카 노동운동에서는 노조가 고용주들과 직접 싸워 실질임금 인
상을 따낸 경우가 드물다. 오히려 최근 몇 년 사이의 실질임금 인상은
대부분 사회적 입법과 노동운동의 정치적 영향력에 힘입은 것이다.

그리고 라틴아메리카의 경우

노조 지도자들은 정부의 지시와 개입에 의존해서 이익을 얻어 내려
고 노력한다.

후진국 노동계급이 실제로 혁명적인지 아닌지 결정하는 가장
큰 요인은 주관적 요인, 즉 노동계급에게 영향을 주는 정당들, 특
히 공산당의 활동이다. 후진국에서 스탈린주의가 수행한 반혁명
적 구실은 이미 여러 차례 설명했기 때문에 굳이 여기서 또 언급
하지는 않겠다.

서로 맞물려 있는 국내외 상황 때문에 생산력이 봉건제와 제
국주의의 굴레를 분쇄할 필요성이 절박해진다. 농민 반란은 과거
어느 때보다 심각하고 광범한 성격을 띤다. 제국주의의 경제적 수
탈에 대항하고 제국주의 나라들만큼 높은 생활수준을 쟁취하기
위한 민족 반란의 뿌리도 바로 봉건제와 제국주의의 굴레에 있다.

생산력의 필요성과 농민 반란의 결합 자체만으로는 지주 제도와 제국주의의 족쇄를 끊는 데 불충분하다. 다음과 같은 세 가지 요인이 더 필요했다.

(1) 강대국들 사이의 모순이 심화하면서 세계 제국주의의 힘이 약화되고, 핵무기의 등장으로 제국주의 강대국들의 상호 무력 개입이 어려워졌다.

(2) 후진국에서 국가의 중요성이 커졌다. 역사적 과제에 직면한 사회에서 전통적으로 그 과제를 수행하던 계급이 없을 때, 다른 집단, 흔히 국가권력이 그 과제를 수행한다는 것은 역사의 장난 가운데 하나다. 그런 상황에서는 국가권력이 매우 중요한 구실을 한다. 이때 국가권력은 자신의 존립 기반인 국민경제적 토대만 반영하는 것이 아니라 오늘날 세계경제의 초국가적 성격을 반영하기도 한다(심지어 더 많이 반영한다).

(3) 민족을 지도하고 통합하며 무엇보다 대중을 조종하는 세력으로서 지식인들의 중요성이 커졌다. 이 마지막 요점은 더 자세히 살펴볼 필요가 있다.

지식인들

오늘날 신생 국가의 혁명적 지식인들은 제정 러시아의 지식인들보다 훨씬 더 응집력 있는 세력임이 드러났다. 아주 당연하게도, 부르주아의 사유재산은 보잘것없고 제국주의의 멍에는 참을 수 없을 만큼 고통스럽다. [반면에] 국가자본주의는 (제국주의의 약화, 국가계획의 중요성 증대, 거기에다 소련의 사례와 각국 공산당의 조직적이고 규율 있는 활동을 통해) 지식인들에게 새로운 응집력을 부여한다. [노동자나 농민과 달리] 특정 직업에 얽매이지 않은 유일한 사회집단인 지식인들은 서로 충돌하는 집단이나 계급의 협소한 이익이 아니라 '민족' 전체의 이익을 대변하는 것처럼 보이는 '직업 혁명가 엘리트'를 배출하는 데 안성맞춤이다. 게다가 지식인들은 민족문화를 즐길 여유도 배울 기회도 없는 농민이나 노동자와 달리 민족문화에 가장 깊이 동화된 사회집단이기도 하다.

지식인들은 자국의 기술적 후진성에도 민감하다. 20세기의 과학기술 세계를 접한 그들은 자국의 후진성에 숨이 막힐 지경이다. 후진국 특유의 '지식인 실업' 현상은 이러한 정서를 더욱 강화한다. 전반적인 경제적 후진성 때문에 대부분의 학생들이 유일하게 기대할 수 있는 일자리는 공무원뿐이지만 그마저 충분치 않다.

지식인들은 사회공학적 효율성을 비롯해 효율성을 매우 신봉한다. 그들은 위로부터 개혁을 꿈꾸며, 고마워하는 민중에게 새로운 세상을 물려주고 싶어 하지만, 자유롭게 단결한 자기의식적 민중이 해방 투쟁을 통해 스스로 새로운 사회를 건설하는 꼴은 보고 싶어 하지 않는다. 그들은 자기 나라를 정체 상태에서 벗어나게 하려고 애쓰지만 민주주의에는 별로 관심이 없다. 지식인들은 공업화와 자본축적, 민족중흥을 향한 열망을 구현한다. 그들이 힘을 발휘할 수 있는 것은 다른 계급들이 허약하고 정치적으로 무기력하기 때문이다.

이 모든 것 때문에 전체주의적 국가자본주의는 지식인들에게 대단히 매력적인 대안이다. 실제로 신생 국가 공산당의 주요 지지 세력은 지식인들이다. 어떤 라틴아메리카 전문가는 "라틴아메리카에서 공산주의는 학생들과 중간계급 사이에서 가장 큰 인기를 얻었다"고 썼다. 인도의 암리차르에서 열린 공산당 당대회(1958년 3~4월)에 참가한 "대의원의 약 67퍼센트가 프롤레타리아도 농민도 아닌 다른 계급(중간계급, 지주계급, '소상인') 소속이었고 72퍼센트는 모종의 대학 교육을 받은 사람들이었다."

빗나간 연속혁명

혁명의 주체인 혁명적 프롤레타리아가 존재하지 않는 경우에는, 트로츠키의 이론에서 사회주의 노동자 혁명을 탄생시켜야 할 요인들이 오히려 사회주의의 정반대인 국가자본주의를 탄생시킬 수 있다. 연속혁명론에서 보편타당한 요소와 우연적 요소(프롤레타리아의 주관적 행동에 좌우되는)를 구별함으로써 우리는 연속혁명론의 새로운 변형을 도출할 수 있는데, 딱히 마땅한 명칭이 없기 때문에 그것을 '국가자본주의로 빗나간 연속혁명' 이론이라고 부르겠다.

러시아와 동유럽 스탈린주의 체제의 붕괴, 마오쩌둥의 중국이 시장 자본주의 노선으로 선회한 것, 스탈린주의 운동과 마오주의 운동의 국제적 붕괴 때문에 트로츠키가 묘사했던 진정한 연속혁명을 위한 길이 열리고 있다.

지금 제3세계의 노동계급 운동은 서서히 스스로의 힘을 깨닫고 있다.

이란 노동자들은 총파업을 일으키고 쇼라(노동자 평의회)를 조직해 샤를 타도했다. 남아프리카공화국 노동계급은 아파르트헤이트 정권을 박살 냈다. 한국에서는 전투적 노동계급 운동이 등장했다. 브라질에서는 사상 최대의 대중 파업이 일어났다.

수십 년간의 반동, 스탈린주의, 파시즘이 남긴 폐해를 극복하는 데는 시간이 적잖이 걸릴 것이다. 그렇지만 이제 진정한 연속혁명이 진가를 발휘할 수 있는 길이 열려 있다.

07

차별과 마르크스주의

노동계급은 스스로의 행동으로 자신을 해방해야 한다는 것이 마르크스주의의 핵심이다. 동시에 마르크스는 사회의 지배적 사상은 지배계급의 사상이라고 주장했다. 노동자들을 인종, 국적, 성별에 따라 분열시키는 것도 지배계급 사상의 중요한 특징이다.

백인이 흑인을 천대하고 남성이 여성을 천대하는 것 등등은 노동계급을 분열시키며, 분열 지배 정책은 자본가들의 힘을 강화한다.

천대받는 축에 드는 노동자들에게 이러한 천대가 끼치는 영향은 어떤 것인가? 영국의 흑인 노동자들은 노동자로서 착취당한다. 게다가 흑인으로서 받는 차별 때문에 더 심하게 착취당한다. 그들은 더 낮은 임금과 더 열악한 노동조건과 주거 환경 등 온갖 사회적 박탈을 감수해야 한다. 생계비를 벌어야 하는 동시에 가정과 아이들도 돌봐야 하는 이중의 굴레를 쓴 여성 노동자들의 처지도 이와 비슷하다. 여성 노동자들의 일자리는 훨씬 더 형편없다. 기술을 배울 기회도 더욱 제한돼 있고, 아이들을 돌보기 위해 일을 포기해야 한다. 그들은 천대받기 때문에 더욱 심하게 착취당한다.

천대하는 축에 드는 노동자들은 어떤 영향을 받을까? 물론 그들은 자신들이 '열등'한 노동자들보다 우월하다고 믿는다. 그러나 그들이 이런 천대로부터 정말 이득을 얻는가? 미국 남부의 백인 노동자들은 흑인들보다 많이 벌고 더 나은 집에서 살기 때문에 자신들이 [인종차별로] 이득을 본다고 생각한다. 그러나 북부의 백인 노동자들은 남부의 백인 노동자들보다 훨씬 높은 임금을 받는다. 사실 북부의 흑인들이 남부의 백인들보다 높은 임금을 받는다.

북아일랜드의 개신교 노동자들은 가톨릭 노동자들을 구타하는 것이 이득이라고 생각할 수 있다. 그렇지 않다면 그런 행동을 하지 않을 것이다. 물론 개신교 노동자는 가톨릭 노동자보다 취직도 잘 되고 부유하게 살 가능성이 높지만, 사실 그들도 버밍엄이나 글래스고 노동자보다 적은 임금을 받는 처지다.

남성 노동자와 여성 노동자 사이의 관계도 마찬가지다. 남성은 여성보다 많이 벌고, 따라서 겉보기에는 남성이 여성 억압으로 이득을 챙기는 듯하다. 그러나 이것은 극히 피상적인 관점이다. 남성 노동자가 친구에게 다음과 같은 편지를 쓴다고 상상할 수 있을까? "기쁜 소식이야. 아내 봉급은 쥐꼬리만큼이고 애 양육비는 엄청난데, 아내는 언제 해고될지 모르는 상황이고, 엎친 데 덮친 격으로 이제 임신까지 했는데 낙태 수술을 받을 돈도 없어. 기뻐서 죽을 지경이야!"

만일 내가 더럽고 지저분한 기차를 타고 여행을 한다면 백인이라는 이유로 창가의 좌석을 차지할 수 있을 것이다. 반면 여성과 흑인은 통로 쪽 좌석이나 더 지저분한 자리로 밀려날 것이다. 그렇지만 진정한 문제는 기차다. 우리는 모두 똑같은 기차를 타고 가야 한다. 우리는 기차를 죽음의 낭떠러지로 몰고 가는 기관사를 통제할 수 없다.

노동계급의 가장 천대받는 부문은 언제나 자본주의의 가장 추악한 얼굴을 보여 준다. 트로츠키는 사회를 변혁해야 하는 이유를 알고 싶으면 여성의 눈으로 세상을 바라봐야 한다고 썼다. 제2차세계대전 이후의 썩어 빠지고 노쇠한 자본주의의 본질을 이해하려면 유대인의 처지에서 세상을 바라봐야 한다. 오늘날의 영국 사회가 어떤 곳인지 알고 싶으면 다섯 명의 나치에게 살해당한 흑인 청년 스티븐 로런스의 부모인 네빌 로런스와 도린 로런스

의 처지에서 생각해야 한다. 그 나치들은 영국 경찰의 비호를 받고 있다.[7]

백인 노동자들과 흑인 노동자들이 단결하기 위해서는 백인 노동자들이 흑인 노동자들에게 다가가야 할 뿐 아니라 한 걸음 더 나아가야 한다. 여성 노동자들과 남성 노동자들이 단결하려면 남성 노동자들은 자신들이 억압자들과 같은 편이 아님을 여성 노동자들에게 입증해야 한다. 1902년에 레닌은 이것을 간단하게 설명했다. 즉, 노동자들이 임금 인상을 위해 파업할 때는 단순히 노동조합주의자들일 뿐이다. 그렇지만 유대인이나 학생들에 대한 폭력에 반대하는 파업을 벌일 때는 진정한 사회주의자들이다.

백인과 흑인 노동자들이 함께 참가하는 파업은 인종차별주의를 허무는 데 도움이 된다. 파업은 노동자들을 단결시키며, 그 때문에 파업의 파급력은 당면 쟁점에만 국한되지 않는다. 노동자들의 의식을 변화시킨다는 것이야말로 파업의 가장 소중한 효과다.

그렇지만 인종을 초월한 노동자 연대는 흑백 노동자들이 서로 동질감을 느낄 수 있는 인종차별 반대 집회에서도 싹틀 수 있으며, 이는 미래의 산업 투쟁에 영향을 미친다. 런던에서 로런스 가족에 대한 연대 집회가 열릴 때면 흑인과 백인을 포함해 대단히

---

7   스티븐 로런스가 살해당한 지 18년이 지난 2012년에야 다섯 명의 나치 가운데 두 명에게 유죄가 선고됐다.

많은 사람들이 참여하는데, 이는 분명 수많은 사람들이 경찰을 대하는 태도에 영향을 끼칠 뿐 아니라 더 많은 쟁점들에 대해서도 노동자들이 단결할 수 있는 길을 열게 될 것이다.

여성과 남성이 함께 참가하는 파업은 여성차별을 극복하는 데 도움이 된다. 여성들의 투쟁과 활약이 눈부셨던 파리코뮌을 기억해야 한다. 영국의 어느 기자는 만약 코뮌의 투사들이 모두 여성이었다면 코뮌이 승리했을 것이라고 말했다.

얼마 전에 런던에서 열린 토론회에서 나는 "혁명이 일어나면 런던 노동자 평의회 의장은 26세의 젊은 흑인 레즈비언 여성이 될 것이다" 하고 말했다. 나는 자본주의의 금기를 깨뜨리는 특성들을 모두 골라서 말한 것이다. [자본주의에서는] 젊다는 것도, 흑인이라는 것도, 여성이라는 것도, 레즈비언이라는 것도 죄다 나쁘다. 토론회가 끝난 후 어느 젊은 흑인 여성이 나에게 다가와 말했다. "그게 바로 저예요. 보다시피 저는 흑인 여자고 나이도 26살, 게다가 레즈비언이거든요." 그래서 나는 "미안하지만 당신은 안 될 것 같군요. 혁명이 일어나려면 한 10년은 지나야 할 텐데 그때가 되면 당신은 나이가 너무 많아요." 하고 말했다. 물론 내 말을 액면 그대로 받아들여서는 곤란하다. 런던 노동자 평의회 의장은 열다섯 명의 손주를 둔 칠순의 아일랜드 노인이 될 수도 있다.

혁명가는 모든 형태의 차별에 결사반대해야 한다. 백인 혁명가는 흑인 혁명가보다 더욱 치열하게 인종차별에 맞서 싸워야 한다. 비유대인 혁명가는 어느 유대인보다도 강력하게 유대인 혐오에 맞서 싸워야 한다. 남성 혁명가는 여성을 비하하거나 희롱하는 어떤 언행도 용납해서는 안 된다. 우리는 천대받는 사람들의 호민관이 돼야 한다.

08

반파시즘 투쟁

1933년 나치의 승리가 남긴 교훈

1933년 1월 30일에 히틀러가 독일의 총리가 됐다. 그러나 이것은 얼마든지 피할 수 있는 사건이었다. 두 달 전인 1932년 11월에 사회민주당은 선거에서 720만 표를 얻었고 공산당은 600만 표를 얻었다. 그러니까 사회민주당과 공산당은 둘이 합해 1320만 표를 얻은 것이다. 이는 1170만 표를 얻은 나치보다 150만 표가 더 많은 것이었다. 훨씬 더 중요한 차이는 노동자 조직을 지지하는 사람들과 나치를 지지하는 사람들 사이의 질적 차이였다. 트로츠키가 말했듯이,

선거 통계라는 저울로 측정하면 파시스트의 1000표와 공산당의 1000표는 무게가 똑같다. 그러나 혁명적 투쟁이라는 저울에서는 어느 한 대공장에서 일하는 노동자 1000명의 힘이 하급 관리, 가게 점원, 그들의 부인과 장모 등을 합친 1000명의 힘보다 100배나 더 강하다. 파시스트는 대부분 인간 먼지들이다.

그렇지만 슬프게도 두 대중조직의 지도부는 완전히 무능했다. 나치즘의 위협이 코앞에 닥쳤는데도 사회민주당은 독일 국가와 경찰이 민주주의를 지켜 줄 것이라고 기대했다. 심지어 히틀러가 총리가 된 후에도 사회민주당 지도자 오토 벨스는 걱정할 것 없다며 큰소리쳤다. 새 내각이 모두 국가사회주의당[나치당]으로 구성된 것이 아니라 독일 국민당과 나치의 연립정부이며, 열두 명의 각료 중 오직 세 명만 나치이고 나머지 아홉 명은 보수당 소속이기 때문이라는 것이었다. 게다가 히틀러는 바이마르공화국 헌법을 수호하겠다고 대통령 앞에 맹세했다. 그리고 나치 내무장관 빌헬름 프리크는 내각이 공산당 불법화에 반대했으며 언론의 자유를 침해하지 않기로 했다고 선언했다! 물론 몇 달 뒤에 공산당은 불법화됐고 선거에 출마한 사회주의자 후보들은 체포됐다.

1933년 3월 23일 히틀러에게 무제한의 권력을 부여하는 법률이 국회에서 통과되자 오토 벨스는 이에 반대한다고 말하면서도 합법적 야당으로 활동하는 사회민주당은 비폭력적이고 합법적인 방식으로만 저항할 것이라는 뜻을 분명히 밝혔다. 그는 이렇게 말했다.

연립정부에 참여하고 있는 정당들은 3월 5일의 선거로 다수파가 됐고 이로써 헌법의 문구와 정신에 따라 통치할 수 있는 기회를 얻었다. … 우리는 그들의 지배를 현실로 받아들인다. 그러나 국민의 정의감 또한 하나의 정치적 힘이며, 우리는 국민의 정의감에 호소하는 일을 중단하지 않을 것이다.

독일 공산당 지도부도 이에 못지않게 무능했다. 그들은 스탈린의 뜻을 좇아 사회민주당이 '사회파시스트'라고 선언했다. 즉, 나치와 사회민주당 사이에 질적 차이가 없다는 얘기였다. 그래서 1931년 10월 14일 공산당 의원단 지도자 레멜레는 히틀러 다음은 자기 차례가 될 것이라고 선언했다. "우리는 파시스트 양반들을 두려워하지 않는다. 그들은 역대 어느 정부보다도 빨리 무너질 것이다(공산당원들은 '옳소!' 하고 소리쳤다)."

트로츠키는 히틀러가 상징하는 다가올 재앙에 맞서 싸우자고 독일 노동자들에게 호소하는 일에 자신의 모든 열정과 재능을 쏟아부었다. [1931년] 11월 23일에는 《독일, 국제 정세의 열쇠》라는 제목의 소책자를 썼다. 그는 이렇게 말했다.

단지 독일의 운명뿐 아니라(그것만으로도 중대한 사안이지만) 유럽 전체의 운명, 그리고 앞으로 몇 년 동안 전 세계의 운명은 현재 독일에서 벌어지고 있는 위기가 어떤 방향으로 해결되는지에 달려 있다. … 국가사회주의당이 집권하면 독일 프롤레타리아의 꽃은 뿌리째 뽑힐 것이며 그 조직들은 파괴될 것이고 자기 자신의 힘과 미래에 대한 믿음은 말살될 것이다. 독일 사회의 모순이 다른 곳보다 훨씬 더 심각하고 첨예하다는 점을 감안하면, 독일 국가사회주의당은 십중팔구 이탈리아 파시즘의 소름 끼치는 작태가 오히려 자비롭게 보일 만큼 끔찍한 짓들을 저지를 것이다. … 열 번의 프롤레타리아 반란과 열 번의 잇따른 패배가 안겨 줄 수 있는 타격도 독일의 주인이 누가 될지 아직 결정되지 않은 이 순간에 파시즘을 눈앞에 두고 후퇴함으로써 받게 될 타격에 비할 수는 없다. … 국제 정세의 열쇠는 독일에 있다.

트로츠키는 《독일, 국제 정세의 열쇠》를 쓴 지 사흘 뒤에 "반파시즘 노동자 공동전선을 위해"라는 제목의 글을 써서 독일 노동자들에게 강력한 호소와 경고의 메시지를 전했다.

그는 다급한 목소리로 이렇게 썼다.

공산당 노동자 여러분, 여러분은 수십만, 수백만 명이나 됩니다. 여러분이 떠날 곳은 없습니다. 여러분이 모두 떠나기에는 여권이 너무 부족합니다. 파시즘이 집권하면 그것은 무시무시한 탱크처럼 여러분의 두개골과 척추를 깔아뭉갤 것입니다. 가차없는 투쟁만이 여러분의 살길입니다. 그리고 사회민주당 노동자들과 힘을 합쳐 싸우는 것만이 승리할 수 있는 길입니다. 공산당 노동자 여러분, 서두르십시오! 시간이 얼마 없습니다!

1933년 5월 28일 트로츠키는 "독일의 재앙과 지도부의 책임"이라는 제목의 기사에서 "독일 프롤레타리아의 전례 없는 패배는 러시아 프롤레타리아의 권력 장악 이후 가장 중대한 사건이다" 하고 썼다. 또 1933년 6월 22일에는 "현재 독일에서 벌어지고 있는 재앙은 노동계급이 겪은 사상 최대의 패배임이 틀림없다"고 결론지었다.

우리 사회주의노동자당은 독일의 교훈을 배웠다

[영국에서] 1974년 노동당 정부가 들어선 지 3년 만에 실업자가 60만 명에서 160만 명으로 증가했다. 임금이 삭감됐고 실질 생활 수준이 종전 이후 처음으로 하락했다. 사회에 만연한 빈곤과 궁핍은 나치 국민전선NF이 성장하기 좋은 환경을 제공했다. 1976년에 국민전선은 지방선거에서 4만 4000표를 획득했다. 또 하나의 나치 정당인 국민당BNP은 블랙번 시의회에 두 명을 당선시켰다.

이듬해인 1977년에 국민전선은 런던광역시 시의회 선거에서 11만 9063표(득표율은 5퍼센트로, 1973년에는 0.5퍼센트였다)를 얻었고 33개 선거구에서 자유당을 제3당의 지위에서 밀어냈다. 에식스대학교의 조사에 따르면, 이 기간에 국민전선의 지지율은 비례대표제를 적용할 경우 의원 25명을 당선시킬 만한 것이었다.

1977년 8월 국민전선은 런던 남동부의 흑인 밀집 지역인 루이셤 구를 가로지르는 행진을 조직했다. 이에 맞서 사회주의노동자당은 당원 2000명에다 주로 그 지역의 흑인 노동자와 청년 8000여 명을 더 결집해 다 함께 경찰 저지선을 돌파하고 파시스트들의 행진을 물리적으로 저지했다.

노동당 인사들은 한결같이 사회주의노동자당이 루이셤에서 벌인 활동을 비난했다. 당시 부총리 마이클 풋은 "병을 던지고 경찰을 폭행하는 방식으로는 나치를 저지할 수 없다. 그런 행동은 파시스트들과 싸우는 가장 비효과적인 방법이다" 하고 말했다. 노동당 사무총장 론 헤이워드는 모든 노동당원들에게 극좌파나 극우파 조직들을 멀리하라고 당부했다. 그는 폭력 시위대(즉, 사회주의노동자당 당원들)와 '국민전선 파시스트들'이 별로 다르지 않다고 생각했다.

1977년 8월의 루이셤 사건을 계기로 같은 해 11월에 반나치동맹이 결성됐다.

반나치동맹은 사회주의노동자당 피터 헤인, 노동당 하원의원

어니 로버츠, 노동당 좌파 하원의원인 닐 키녹, 오드리 와이즈, 마틴 플래너리가 함께 창설한 공동전선이었다.

반나치동맹은 폭발적 인기를 끌었다. 국민전선이 지지자를 끌어모으는 주된 연령층인 청년들에게 국민전선에 대항하는 초점을 제공하기 위해 반나치동맹은 1978년 4월 말 지방선거를 앞두고 런던에서 최초의 축제를 조직했다. 8만 명의 인파가 트래펄가 광장을 출발해 음악 축제가 열리는 빅토리아 공원까지 약 10킬로미터를 행진했다. 이 행사는 모든 사람의 예상을 뛰어넘는 대성공을 거뒀다. '인종차별에 반대하는 록 음악제'를 비롯해 대규모 축제들이 맨체스터(3만 5000명), 카디프(5000명), 에든버러(8000명), 하리치(2000명), 사우샘프턴(5000명), 브래드퍼드(2000명), 그리고 다시 런던(10만 명)에서 열렸다. 그 뒤 치러진 지방선거에서 국민전선의 득표율은 폭락했다. 리즈에서 54퍼센트 하락했고 브래드퍼드에서는 77퍼센트, 심지어 국민전선의 아성인 런던 이스트엔드에서도 40퍼센트 하락했다.

반나치동맹은 노동조합들의 광범한 후원을 받았다. 축제가 열리기 전이 1978년 4월 중순부터 이미 금속노조 30개 지부와 지회가 반나치동맹을 후원했고, 노총의 25개 지역 본부, 광원노조 11개 지부, 운수일반노조·서비스노조·기술행정감독직노조·언론노조·교원노조·공공노조에서 각각 6~10개 지부, 주요 공장의 13개 직장위원회, 노동당 지구당 50군데가 반나치동맹을 후원했다. 축제가 열린 뒤에는 후원 단체 수가 더욱 늘어났다.

파시스트들은 반나치동맹의 서슬에 짓눌려 1976~77년에 얻었던 지지를 다시는 회복하지 못했다. 1976년에는 국민전선이 레스터에서 4만 4000표를 얻었고 1년 뒤에는 런던에서 11만 9000표를 얻었다. 그러나 1998년 5월 17일의 영국 지방선거에서는 국민당과 국민전선이 얻은 표가 모두 합쳐도 3000표밖에 안 됐다.

우리의 반파시즘 투쟁 전술은 두 가지를 병행하는 것이었다. 즉, 쥐를 공격하는 동시에 쥐가 번식하는 하수구도 청소하는 것이다. 파시스트들만 공격하는 것으로는 부족하다. 실업과 저임금 등 파시즘이 성장하기 좋은 토양을 제공하는 사회적 박탈에 맞서 싸우는 것도 필요하다. 간호사들을 조직해서 국민의료서비스NHS 방어 운동과 반나치 운동을 동시에 벌인 것은 우리의 양면작전이 하나로 일치한 사례였다.

프랑스의 'SOS 라시슴'과의 비교

1974년 선거에서 프랑스 국민전선FN의 득표율은 0.74퍼센트에 불과했다. 1981년에는 그보다 더 낮은 0.5퍼센트였다. 그러나 사회당의 프랑수아 미테랑이 1981년에 집권하고 나서는 상황이 돌변했다. 엄청난 환멸이 뒤따랐다. 실업률이 갑절이 넘게 치솟았다. 국민전선이 급성장했다. 1984년에는 국민전선의 득표율이 11퍼센트, 득표수로는 약 200만 표였다. 1986년 3월 총선에서는 35명의 하원의원을 당선시켜 공산당에 맞먹는 의석수를 차지했다. 그 뒤로는 선거제도가 바뀌어서 하원의원을 당선시키지 못하고 있지만 1000명이 넘는 시의원을 보유하고 있고 프랑스 남부 소도시 네 곳을 장악하고 있다. 1997년 6월 총선에서 국민전선은 전체 표의 15퍼센트인 500만 표를 얻었다.

어째서 영국 국민전선NF의 지지율은 급격한 하강곡선을 그리고 있는데 프랑스 국민전선FN의 지지율은 급격하게 상승하는가? 프랑스와 영국의 객관적 조건이 다른 것은 아니다.

영국에서 흑인 인구가 차지하는 비율은 5~6퍼센트로 프랑스와 비슷하다. 실업률도 마찬가지다. 사실 산업 투쟁의 수준은 프랑스가 영국보다 훨씬 높았다. 영국의 산업 투쟁은 가장 길고 심각한 침체기를 겪었다.

그렇다면 두 국민전선의 엇갈린 운명을 어떻게 설명해야 할까? 주관적 요인의 차이로 설명할 수 있다. 영국에는 반나치동맹이 있다. 반면에 프랑스의 주요 반나치 조직은 'SOS 라시슴'SOS Racisme이다. 이 조직은 사회당의 외곽 조직이다. 이 조직의 지도자 아를렘 데지르는 국민전선과 정면 대결하기를 꺼린다. 정면 대결은 "르펜의 손에 놀아나는 꼴"이라는 것이 그의 주장이다. 그는 인종차별을 근절하기 위해 여론에 의존하면서, 좌우파 조직들의 지원을 똑같이 기대한다. SOS 라시슴은 시위를 조직하기는 하지만 국민전선을 물리적으로 저지하기 위한 것은 아니다.

미테랑은 SOS 라시슴을 거세하는 데서 결정적 구실을 했다. 미테랑은 제2차세계대전 당시 나치와 협력해 유대인 7만 명을 가스실로 보낸 페탱 정부의 고위 관리였다는 사실을 명심해야 한다. 미테랑은 대통령이 된 뒤로 해마다 페탱의 사망일이면 이 "위대한 프랑스 애국자"의 묘에 헌화했다. 같은 묘에 또 하나의 꽃다발을 바치는 사람은 르펜이었다.

09

1968년 5월의 중요한 교훈

영감과 경고

전 세계 사회주의자들은 1968년 5월 프랑스에서 일어난 사건들에서 깊은 영감을 얻었다. 학생들의 시위와 대학 점거 물결은 5월 10~11일 바리케이드의 밤에 절정에 달했다. 라탱 지구의 수많은 주민과 청년 노동자들의 지원을 받은 학생 수천 명이 CRS, 즉 진압경찰과 싸워 경찰을 물리쳤다.

당시 엄청난 지지를 받고 있던 프랑스 공산당은 바리케이드의 밤 전에는 학생들의 행동을 반대했다. 그러나 이제 공산당은 운동의 선두에 나서는 것이 고조되는 파고를 잠재우는 최선의 방법이라고 판단하기에 이르렀다. 공산당과 노조총연맹CGT 지도자들은 하루 파업과 시위로 분위기를 진정시킬 수 있을 것이라고 생각했다. 그래서 5월 13일에 하루 파업을 벌이기로 했다. 그들은 이번 파업도 과거의 하루 파업들처럼 건성으로 끝날 것이라 기대했다. 그렇지만 그들의 기대는 어긋났다. 현장 노동자들이 치고 나오면서 파업을 연장한 것이다. 5월 14일 낭트에 있는 쉬드아비아시옹 공장 노동자들이 무기한 파업을 선언하고 공장점거에 돌입했다. 다음 날인 15일에는 르노 클레옹 공장도 점거됐다. 16일에는 파업과 점거 운동이 모든 르노 공장으로 확산됐다. 곧이어 모든 엔지니어링 공장과 자동차, 비행기 공장에서도 파업과 점거 운동이 일어났다. 19일에는 전차 운행이 중단됐고 전신·우편 업무도 마비됐다. 이어서 파리의 지하철과 버스도 멈췄다. 광산, 항만, 에어프랑스 등 수많은 부문이 파업에 동참했다. 5월 20일에 이르러서는 1000만 명의 노동자가 참가한 총파업으로 발전했다. 폴리베르제르 극장[8]의 무용수, 축구 선수, 기자, 여성 외판원, 기술자 등 전에는 한 번도 파업한 적이 없었던 사람들이 파업에 가담했다. 모든 작업장에 붉은 깃발이 나부꼈다.

13일 시위에는 노동자와 학생 100만 명이 참가했다.

프랑스 대통령 드골은 완전히 궁지에 몰렸다. 그는 5월 24일 국

---

8 파리의 대표적 공연장.

민투표를 제안했지만 프랑스에는 투표용지를 인쇄해 줄 인쇄소가 하나도 없었다. 절박해진 드골이 투표용지를 벨기에서 인쇄하려 했지만, 벨기에 노동자들은 이를 거절하고 프랑스 노동자들에게 연대를 표했다. 5월 29일 드골은 프랑스를 떠나 독일 주둔 프랑스군의 품으로 도망쳤다.

그러나 안타깝게도 노동자 투쟁의 파고는 가라앉고 말았다.

5월 27일 노조 지도자들은 그르넬 협약에 서명했다. 그것은 저임금 노동자의 임금을 35퍼센트 인상하는 등 노동자들에게 경제적으로 많이 양보한 내용을 담고 있었다.

파업은 취소됐고 우익은 주도력을 획득해 행동에 들어갔다. 5월 30일 우익의 대규모 시위가 벌어졌다. 경찰은 텔레비전과 라디오 방송국을 탈환해 방송국을 점거하고 있던 노동자들을 밖으로 끌어냈고 아직도 계속되고 있던 시위 행렬을 공격해 노동자 두 명과 학생 한 명을 살해하기도 했다.

"죽은 세대의 전통은 마치 악몽처럼 살아 있는 자들의 정신을 짓누른다"(마르크스)

노동자들의 거대한 전진을 가로막은 것은 스탈린주의라는 죽은 전통이었다. 프랑스 노동자들은 공산당에 각별한 충성심을 간직하고 있었다. 따지고 보면, 한 세대의 노동자들이 공산당에서 교육과 훈련을 받았다. 공산당의 영향력이 얼마나 컸는지를 잘 보여 주는 과거의 사례가 있다. 영·미 연합군이 독일군을 물리쳤을 때 공산당이 이끄는 레지스탕스 세력인 마키가 파리를 해방시켰다. 무장한 노동자들이 파리를 통제했다. 그러자 프랑스 공산당 사무총장 모리스 토레즈가 모스크바에서 파리로 날아와 "하나의 경찰, 하나의 군대, 하나의 국가"를 선언했다. 토레즈가 말한 경찰은 전쟁 내내 나치와 협력한 바로 그 경찰이었다. 그런데도 파리의 노동자들은 토레즈의 지시를 받아들여 순순히 무기를 내려놓았다.

이처럼 막강한 공산당의 영향력은 1968년 5월에도 절대적이었다.

노동자와 학생 100만 명이 참가한 파리 시위에 관해 앞에서 언급했다. 공산당 지도부는 노동자들이 학생들과 어울리는 것을 원하지 않았다. 학생들은 공산당의 영향력에서 훨씬 자유로웠으며 그들의 정치사상은 공산당보다 훨씬 급진적이었다. 그래서 공산당 지도부는 학생 대열과 노동자 대열을 분리하려고 2만 명의 '사수대'를 조직했다.

공장점거에 관해서도 앞서 언급한 바 있다. 여기서도 공산당과 CGT 관료들의 구실이 결정적이었다. 그들은 80~90퍼센트의 노동자들을 집으로 돌려보냈고, 결국 소수의 노동자들만 공장에 남았다. 집으로 돌아가 고립된 노동자들은 운동의 전략, 전술, 정신을 토론할 기회를 놓치고 말았다.

파업위원회가 있긴 했지만, 노동자들이 직접 선출하지 않고 노조 관료들이 임명한 위원회였다.

총파업을 빨리 끝내기 위해 지도부는 한 공장의 노동자들에게 다른 공장의 노동자들은 이미 일터로 돌아갔다는 말로 기를 죽이는 수법을 반복해서 써먹었다. 공장들 사이에 노조 기구를 거치지 않는 연락망이 없었기 때문에 이 수법은 잘 먹혀들 수 있었다.

러시아의 1917년 2월 혁명

1968년 5월 프랑스 노동자들의 의식 속에 존재했던 모순을 이해하려면 러시아의 1917년 2월 혁명을 되돌아보는 것이 가장 좋은 방법이다. 2월 혁명은 차르 체제의 숨통을 끊었다. 경찰이 완전히 해체됐다. 노동자들은 곳곳에서 소비에트를 조직했다. 군대에서는 병사위원회가 우후죽순처럼 생겨났다.

레닌은 당시 러시아의 상황을 '이원 권력'이라는 말로 표현했다. 소비에트는 강력한 힘을 발휘했지만 그것은 또한 부르주아 임시정부와 공존했다. 병사위원회가 존재했지만, 장군들은 여전히 군대를 지휘했다. 소비에트가 수많은 사람들의 평화 열망을 표현했지만, 제국주의 전쟁은 계속됐다. 모든 공장에 강력한 노동자

위원회가 존재했지만, 자본가들이 모든 공장을 소유했다. 수많은 농민이 소비에트로 조직됐지만, 지주들은 단 한 평의 토지도 잃지 않았다. 소비에트의 지도부, 즉 멘셰비키와 사회혁명당은 부르주아 임시정부와 그 정책들을 지지했다.

2월 혁명은 과거와의 결별이었지만 완전한 결별은 아니었다. 그 시기의 사회질서에 모순이 발생한 만큼 수많은 사람들의 의식 속에도 모순이 존재했다.

페트로그라드 소비에트는 새로 나타난 이상적 기구였지만, 소비에트의 지도부는 볼셰비키가 아니라 우파들이었다. 어제까지만 해도 차르 체제를 지지했던 수많은 사람들이 오늘 차르를 타도하고 왼쪽으로 한발을 내디뎠지만, 곧바로 볼셰비키 쪽으로 넘어온 것이 아니라 볼셰비키의 오른편에 있는 멘셰비키와 사회혁명당 쪽으로 넘어왔다. 1917년 9월 마침내 볼셰비키가 페트로그라드와 모스크바의 소비에트에 대한 지도력을 획득하기까지는 몇 달, 몇 주간의 힘겨운 투쟁이 필요했다. 2월부터 10월까지 전개된 사건들을 모두 나열하기에는 지면이 부족하다. 어쨌든 볼셰비키가 계속 승승장구한 것은 아니다. 페트로그라드에서 볼셰비키의 영향력은 6월 말까지 계속 높아졌다. 그러나 7월 초에 볼셰비키는 사실상 불법화됐고 인쇄소는 박살 났으며 레닌은 지하로 피신해야 했고 트로츠키는 감옥에 갇혔다. 히스테리가 극에 달한 언론은 레닌을 독일 간첩으로 몰아세우면서 온갖 비난을 퍼부었다. 트로츠키의 표현대로 7월은 중상모략의 달이었다. 사회적 분위기가 오른쪽으로 돌아서면서 극우파들이 자신감을 얻었고 8월 27~30일에는 러시아군 총사령관 코르닐로프 장군이 쿠데타를 일으켰다. 만약 그가 승리했다면 파시즘을 뜻하는 단어는 이탈리아어가 아니라 러시아어가 됐을 것이다. 감옥 안에서 트로츠키는 코르닐로프에 맞서 페트로그라드를 방어하기 위한 행동을 조직했다. 코르닐로프는 결국 패배했고 볼셰비키는 이를 계기로 눈부신 전진을 거듭했다. 며칠 뒤에 볼셰비키는 페트로그라드와 모스크바의 소비에트에서 다수파가 됐고 몇 주 뒤에는 10월 혁명이 일어났다.

혁명은 하루아침에 일어나는 것이 아니다. 혁명은 하나의 과정이다. 노동자들은 자신들의 의식을 지배해 온 부르주아 사상을 떨쳐 내야 하는데, 이것은 하루아침에 이뤄지는 일이 아니다. 얼마 동안은 노동자들 사이에 모순적 의식이 존재한다. 물론, 볼셰비키가 4월부터 줄기차게 외친 "토지, 빵, 평화. 모든 권력을 소비에트로!"라는 구호는 토지를 원하는 수많은 농민과 빵에 굶주리고 전쟁으로 고통받는 수많은 사람들의 문제를 해결할 수 있는 일관된 구호였다. 그렇지만 많은 노동자들이 얼마 동안은 "물론 우리는 토지를 원하지만, 그래도 전쟁이 끝나고 의회가 법률을 제정해서 우리에게 토지를 분배해 줄 때까지 기다려야 해" 하고 생각하거나 "물론 평화가 좋긴 하지만, 그래도 일단 전쟁에서 승리한 다음에 평화를 얻어야 해" 하고 생각했다.

1917년 3월에 볼셰비키 당원 수는 2만 3000명이었고, 소비에 트의 2.5퍼센트가 볼셰비키를 지지했다. 이것은 승리를 향해 도약할 수 있을 만큼 충분히 강력한 발판이었다.

반면 [1968년 5월에] 프랑스 공산당보다 왼쪽에 있는 좌파의 규모는 매우 작았다. 당시 프랑스의 트로츠키주의자는 모두 합해 400명이었다. 조직된 마오주의자의 숫자도 이와 비슷했다. 이렇게 작은 규모로는 스탈린주의자들에게 도전할 수 없었다. 만약에 트로츠키주의자들이 몇만 명 있었다면 100만 명이 참가한 5월 13일 시위에서 노동자와 학생의 결합을 주장함으로써 둘을 갈라놓았던 사수대 2만 명을 무력화할 수도 있었을 것이다. 점거된 공장에서는 노동자들에게 집에 가지 말고 공장에 남아 있자고 설득할 수도 있었을 것이고, 그랬다면 노동자들이 주도력을 발휘할 수 있었을 것이다. 위에서 임명한 파업위원회가 아니라 아래로부터 선출된 파업위원회를 세우자고 주장할 수도 있었을 것이다. 공장들 사이에 독자적 연락망을 구축함으로써 파업 철회를 원하는 노조 관료들의 분열 지배 책략을 분쇄할 수도 있었을 것이다.

미래의 1968년 5월

앞으로도 그때와 같은 폭발적 대중투쟁이 일어나는 것은 피할 수 없다. 그렇지만 그것이 언제가 될지는 아무도 정확히 예측할 수 없다. 2월 혁명 3주 전만 해도 레닌은 스위스의 청년 사회주의자 그룹에게 1905년 혁명에 관해 설명하면서 "젊은 세대인 여러분은 러시아 혁명을 목격하겠지만 나이 많은 우리 세대는 그러지 못할 것"이라는 말로 연설을 끝맺었다. 혁명이 일어나기 며칠 전(2월 7일)에 레닌은 자신의 친구 이네사 아르망에게 보낸 편지에 다음과 같이 썼다. "어제는 회의가 있었습니다.(회의는 정말 피곤합니다. 기운도 없고 두통까지 겹쳐서 끝나기 전에 나와 버렸습니다.)" 며칠 뒤에 혁명이 일어날 줄 알았다면 이렇게 투덜거리지는 않았을 것이다.

위대한 역사적 전환점을 미리 알 수는 없다. 그 이유는 간단하다. 오랫동안 역사는 매우 천천히 움직인다. 10년이나 20년 넘게 미미한 변화만 이뤄지다가 하루나 일주일 사이에 갑자기 몇 세대를 걸쳐 일어난 변화보다 더욱 큰 변화가 일어날 수도 있다.

오늘날 자본주의의 모순은 1968년보다 훨씬 더 심각하다. 1968년은 자본주의 역사상 가장 긴 호황의 끝 무렵이었다. 1973년부터 세계 각국은 연거푸 불황에 빠졌다. 자본주의 체제는 과거 어느 때보다 불안정하며 노동자들이 당하는 착취와 고용 불안은 날마다 심해지고 있다. 따라서 언젠가는 거대한 투쟁이 폭발할 수밖에 없다. 그러나 그러한 투쟁이 프롤레타리아의 승리로 끝나기 위해서는 과거 어느 때보다 혁명정당이 절실히 필요하다. 노동자 대중의 자생적 투쟁이 수증기에 해당한다면 혁명정당은 피스톤에 해당한다. 증기 없는 피스톤은 아무런 쓸모가 없으며 피스톤 없는 증기는 허공으로 흩어질 뿐이다. 프롤레타리아가 승리하려면 지도부의 문제가 결정적이다. 1968년 5월은 우리에게 영감을 주는 동시에 경고를 보내기도 한다.

10 | 러시아 혁명

1917년 2월 23일에 국제 여성의 날 축제가 시작됐다. 이것은 혁명의 시작이었다. 그다음 날에는 페트로그라드 노동자 20만 명이 파업에 들어갔다. 다음 날인 25일에는 총파업이 페트로그라드를 휩쓸었고 군대가 많은 파업 노동자들을 살해했다. 이틀 뒤에는 경비 연대에서 반란이 일어나 병사들이 시위대에게 발포하기를 거부했으며 발포 명령을 내린 장교를 사살하기도 했다. 차르는 퇴위했다. 흥미로운 것은 차르가 물러나기 하루 전에 노동자 대표 소비에트가 결성됐다는 것이다. 1905년 소비에트의 기억이 역사의 흐름을 가속했다. 모든 작업장의 노동자들이 소비에트에 대표를 파견했다.

혁명은 완전히 자생적이었고 계획되지 않은 것이었다. 트로츠키가 정확히 지적했듯이,

단언컨대, 2월 23일이 독재 체제에 결정타를 가할 공세의 첫걸음이 되리라고 예상한 사람은 정말로 아무도 없었다. 어떤 자료를 보더라도 이것은 분명하다.

러시아 혁명의 훌륭한 증인인 수하노프는 "어느 정당도 다가올 대격변에 대비하지 못하고 있었다"고 말했다. 차르의 보안경찰 오흐라나의 옛 국장은 혁명이 "순전히 자생적인 현상이었으며, 정당이 선동해서 일어난 일은 전혀 아니었다"고 말했다. 수많은 사람들이 처음으로 정치 무대에 등장하고 있었을 때 볼셰비키는 약 2만 3000명의 당원을 보유한 초라하고 눈에 띄지 않는 정당이었다. 볼셰비키는 25일이 돼서야 총파업을 호소하는 첫 유인물을 발행했다. 그때는 이미 20만 명의 노동자가 일손을 놓은 다음이었다! 전체 소비에트 대의원 1500~1600명 가운데 볼셰비키 당원은 겨우 40명(2.5퍼센트)으로 극소수였다.

이원 권력

르보프 공이 이끄는 임시정부와 나란히 소비에트 정부가 있었

다. 그것은 이원 권력이었다. 그러나 이러한 상황이 무한정 계속될 수는 없었다. 두 정부 가운데 하나는 물러나야 할 운명이었다.

소비에트는 처음에는 르보프 공의 임시정부를 지지했다. 3월 2일 소비에트 대회는 권력을 임시정부, 즉 부르주아지에게 넘긴다는 결의안을 채택했다. 오직 15명의 대의원만 이에 반대했다. 볼셰비키 소속 대의원 40명조차 모두 반대하지는 않았던 것이다. 볼셰비키는 1600여 명에 달하는 나머지 대의원들의 압력에 굴복했다. 소비에트를 주도한 정당들, 즉 멘셰비키와 사회혁명당은 애매한 태도를 취했다. 그들은 소비에트를 지지했지만 부르주아 임시정부도 지지했다. 평화를 원했지만 전쟁도 지지했다. 토지를 원하는 농민의 요구에 공감했지만 지주를 대변하는 임시정부도 지지했다.

그렇지만 혁명은 어중간한 타협을 용납하지 않는다. 현실은 모든 문제를 매우 극단적인 형태로 제기했다.

볼셰비키 지도부 역시 혼란에 빠져 있기는 마찬가지였다. 3월 3일 볼셰비키 페트로그라드 위원회는 "임시정부의 활동이 프롤레타리아와 광범한 민주적 대중의 이익에 부합하는 한, 임시정부에 반대하지 않는다"는 결의안을 채택했다. " … 하는 한"이라는 문구는 임시정부에 대한 페트로그라드 소비에트 집행위원회의 결의안에 등장한 것으로, 임시정부를 지지하는 말에 감초처럼 따라다니는 수식어가 됐다.

스위스에 있었던 레닌은 〈프라우다〉를 받아 보고는 격분했다. 이 신문에서 볼셰비키는 "임시정부가 반동과 반혁명에 맞서 투쟁하는 한" 임시정부를 확고히 지지하겠다고 밝혔다. 당시 유일하게 중요한 반혁명 세력이 바로 그 임시정부였다는 사실을 망각한 것이다.

레닌이 당을 재무장시키다

1917년 4월 3일 레닌이 페트로그라드에 도착했다. 레닌이 핀란드 역에 도착했을 때 볼셰비키 당은 승리를 거둔 2월 혁명을 지지하고 있었다. 레닌은 그것을 경멸하며 "빵, 평화, 토지" 그리고 "모든 권력을 소비에트로"라는 구호를 제기했다.

물론 혁명가들은 대중에게 영향을 끼치려고 노력하지만 그것은 일방적 과정이 아니다. 혁명가들도 압도 다수의 생각에 영향을 받는다. 며칠 후에 레닌은 볼셰비키 페트로그라드 위원회 위원들을 만났다. 그는 4월 테제에서 제기한 내용을 그들에게 주장했다. 열여섯 명의 위원들 가운데 두 명은 레닌의 견해를 지지했고 열세 명은 반대했으며 한 명은 기권했다.

이렇게 출발은 초라했지만, 레닌은 놀라울 만큼 짧은 기간에 당의 다수를 자기편으로 획득했다. 이러한 성과는 레닌의 일관된 태도와 함께 수많은 사람들의 일상적 경험에 힘입은 것이다. 전쟁은 계속됐고, 수천 명이 계속 죽어 갔고, 지주들은 여전히 농민을 가혹하게 착취했으며, 노동자들이 빈곤에 허덕이는 동안 자본가들은 사치스러운 생활을 계속했다. 레닌이 당을 자기편으로 끌어들이는 데는 약 한 달이 걸렸다.

그러나 소비에트를 같은 편으로 만드는 데는 좀 더 오랜 시간이 걸렸다. 9월 초에야 볼셰비키가 페트로그라드 소비에트의 다수파가 됐고 트로츠키가 소비에트 의장이 됐다. 같은 때에 볼셰비키는 모스크바 소비에트에서도 다수파가 됐고 볼셰비키인 카메네프가 의장이 됐다.

이때부터 10월 혁명이 승리하기까지는 순식간이었다.

2월 혁명은 자생적이었던 반면에 10월 혁명은 계획적 혁명이었다.

10월 10일 볼셰비키 중앙위원회는 무장봉기를 촉구했다. 사흘 뒤에 페트로그라드 소비에트 병사 분과는 투표를 통해 모든 군사적 권한을 트로츠키가 지도하는 군사혁명위원회로 넘기기로 결정했다. 10월 16일에는 볼셰비키 중앙위원회, 페트로그라드 위원회 집행위, 군사 기구, 페트로그라드 소비에트 위원들, 노동조합·공장위원회·페트로그라드지역위원회·철도노조의 볼셰비키 지도자들이 참석한 확대회의에서 봉기에 관한 결정이 재차 확인됐다. 10월 20일부터 군사혁명위원회는 실질적 봉기 준비에 착수했고 25일에 드디어 봉기가 일어났다. 트로츠키는 훗

날 내전에서 적군을 승리로 이끌었듯이 탁월한 능력으로 10월 봉기를 조직했다.

10월 혁명은 계획과 실행이 워낙 훌륭했기에 사상자가 거의 없었다. 오히려 2월 혁명 때 훨씬 많은 사람들이 목숨을 잃었다.

혁명 뒤의 내전에서 수십만 명이 목숨을 잃었다. 그러나 그것은 소비에트 정부의 조치 때문이 아니라 16개국 군대가 침략한 결과였다. 그 책임을 볼셰비키에게 지우는 것은 살인마에 맞서 자신을 방어한 사람에게 폭력을 휘둘렀다고 비난하는 것과 마찬가지다.

승리를 거둔 혁명

20세기에는 프롤레타리아 혁명이 여러 차례 일어났다. 안타깝게도 그중에서 오직 1917년의 러시아 혁명만이 승리로 끝났다. 우리는 중도 하차한 혁명을 수도 없이 목격했고, 그 모든 혁명들은 프랑스 혁명 당시 생쥐스트의 예언이 옳았음을 보여 준다. "혁명을 절반만 일으키는 사람은 자기 무덤을 파는 셈이다."

1917년 러시아 혁명은 반쪽짜리로 끝난 혁명들의 목록에서 단 하나의 예외다. 러시아 혁명의 성공에서 결정적 구실을 한 것은 바로 볼셰비키 당이었다.

러시아 혁명과 다른 노동자 혁명의 차이점은, 노동계급을 효과적으로 지도하는 대중적 혁명정당이 존재했다는 점이다. 그것이 곧 성공과 실패를 갈랐다. 사회주의자들은 혁명적 위기가 닥치는 시기를 결정할 수는 없지만, 얼마나 강력한 혁명정당을 건설하느냐에 따라 혁명의 최종 결과를 좌우할 수는 있다.

혁명을 일으키는 것은 당이 아니라 노동계급이지만, 노동계급을 지도하는 것은 당이다. 옳게도 트로츠키는 다음과 같이 썼다. "지도하는 조직이 없다면 대중의 에너지는 피스톤 실린더를 벗어난 증기처럼 산산이 흩어질 것이다. 그렇지만 역시 사물을 움직이는 것은 피스톤이나 실린더가 아니라 증기다."

지주들의 땅은 농민에게 분배됐고, 공장은 국유화돼 노동자들이 직접 운영했으며, 피억압 민족들은 자결권을 얻었다. 민족들의 감옥이었던 러시아가 이제 자유롭고 평등한 인민들의 연방이 됐다.

몇 세기 동안 제정 러시아에서는 유대인 차별이 극심했었다. 1881년에는 500건의 유대인 학살이 일어났다. 유대인들은 특별 허가를 받지 않고는 러시아의 양대 수도인 페트로그라드와 모스크바에서 살 수 없었다. 그러나 이제는 유대인! 트로츠키가 페트로그라드 소비에트 의장이 되고 유대인인 카메네프가 모스크바 소비에트 의장이 되고 유대인인 스베르들로프가 소비에트 공화국 의장이 되는 세상이 온 것이다. 트로츠키가 적군을 지도하기 위해 페트로그라드 소비에트 의장직을 비우자 또 다른 유대인인 지노비예프가 의장이 됐다.

러시아 혁명은 억압받는 사람들의 축제였다. 1917년 10월 혁명 당시 뛰어난 연설가였던 아나톨리 루나차르스키는 3만~4만 명이 모인 집회에서 윌리엄 셰익스피어, 그리스 비극 등을 주제로 두세 시간씩 강연했다. 당시 런던의 인구는 페트로그라드의 네 배였으며 영국 노동자들은 러시아 노동자들보다 문맹률이 낮았다. 그러나 런던에서는 결코 그런 집회가 열리지 않았다.

소비에트 정부는 여성해방을 위해 세계에서 가장 진보적인 법률을 제정했다. 배우자 한쪽의 의사에 따른 이혼이 가능해졌다. 낙태의 자유도 허용됐다(세계 최초였다). 여성을 부엌에서 해방시키기 위해 공동 급식 제도가 도입됐고 공동 보육 제도 역시 도입됐다. 동성애자를 차별하는 법률도 모두 철폐됐다.

러시아 혁명 때문에 스탈린과
강제 노동 수용소가 생긴 것 아닌가?

혁명에 반대하는 사람들은 이런 주장을 질리지도 않고 되풀이한다. 그리고 이것은 언뜻 들으면 그럴듯한 주장이다. 그렇지만 그렇게 보면 히로시마에 핵폭탄이 떨어진 것은 뉴턴의 만유인력 법칙 때문이라는 주장도 그럴듯하다. 여기에도 일말의 진실이 있다. 만유인력의 법칙이 아니었다면 폭탄이 비행기에서 떨어질 수 없었을 테니 말이다.

스탈린의 등장을 이해하려면 러시아 혁명의 국제적 성격을 먼저 이해해야 한다.

러시아 혁명은 세계혁명의 일부였으며 국제적 변수를 고려하지 않고는 설명할 수 없다. 러시아의 산업 노동계급은 규모가 무척 작았다. 전체 인구 1억 6000만 명 가운데 공장, 철도, 광산 등에서 일하는 노동자는 300만 명에 불과했다. 1917년 러시아의 산업 생산량은 조그만 나라인 벨기에의 생산량보다 적었다. 그러나 러시아 노동계급은 커다란 생산 단위로 훨씬 더 집중돼 있었다. 예컨대 당시 세계 최대의 공장이었던 푸틸로프 공장에서는 무려 4만 명의 노동자들이 일하고 있었다. 이것은 러시아 경제의 점진적이고 유기적인 성장을 통해 이룩된 것이 아니다. 그것은 순전히 러시아에 투자된 해외 자본의 산물이었다.

러시아 노동자들의 열망 또한 국제적 조건에 좌우됐다. 영국에서는 공장이 생긴 뒤로 노동자들이 하루 8시간 노동을 요구하기까지 200년 넘게 걸렸다. 그러나 러시아에서는 이미 1905년 혁명 때 8시간 노동이 핵심 요구로 등장했다.

마르크스주의 또한 러시아 고유의 산물이 아니었다. 애덤 스미스부터 데이비드 리카도를 거쳐 카를 마르크스까지 이어지는 계보의 러시아판은 존재하지 않았다. 마르크스주의는 완전히 성숙한 형태로 러시아의 지적·정치적 생활에 도입됐다.《자본론》1권은 1867년에 처음 출판됐다. 그런데 6년 뒤에 러시아어판이 출간됐다. 그것은 외국어로 번역된 최초의 《자본론》이었다. 그리고 러시아 혁명을 촉발한 마지막 요인도 외국에서 왔다. 즉, 러시아군이 계속 독일군에 패배한 것이다.

레닌과 트로츠키는 러시아 혁명이 다른 나라로 퍼지지 않는다면, 특히 독일 혁명이 실패하면 소비에트 체제는 파멸할 것이라고 거듭거듭 경고했다. 그리고 그들의 경고는 현실이 됐다.

스탈린은 러시아 혁명의 계승자가 아니라 파괴자였다. 혁명과 내전 속에서 살아남은 볼셰비키 중앙위원들이 모두 스탈린에게 살해당했다는 사실이 그것을 보여 준다. 스탈린주의를 낳은 것은 레닌이 아니라, 로자 룩셈부르크와 카를 리프크네히트를 살해하는 데 직접 가담하고 독일 혁명을 교살한 우익 사회민주당 지도자 노스케였다.

비극적인 일이지만 독일 혁명은 러시아 혁명에 비해 조직화나 발전 수준이 훨씬 뒤떨어졌다. 나는 로자 룩셈부르크 사후의 독일 공산당 지도자 하인리히 브란들러를 만난 적이 있다. 나는 1918년 로자 룩셈부르크의 조직이 어떤 상태였는지 그에게 물어 봤다. 그는 당시 룩셈부르크의 조직이 4000명가량이었고 그 가운데 대다수는 마르크스주의자들이 아니라 평화주의자들이었다고 말했다. 반면에 볼셰비키는 1903년부터 당으로 존재했고 1917년에는 2만 3600명의 당원을 확보하고 있었다. 그것도 독일보다 노동계급의 규모가 훨씬 작았던 러시아에서 말이다.

흐르는 물은 썩지 않는다. 그렇지만 고인 물에는 썩은 거품이 떠오르기 마련이다. 혁명이 고립되면서 러시아 사회에는 관료주의라는 거품이 떠올랐다. 그리고 스탈린은 서방 제국주의와 경쟁에 돌입하면서 서방 제국주의를 모방해야 했다. 나치 독일이 거대한 군산복합체를 보유하면 스탈린도 똑같은 것을 갖고 싶어 했다. 빠른 시일 안에 이것을 달성하려면 러시아의 노동자와 농민을 가혹하게 착취하는 방법밖에 없었다. 그래서 강제 노동 수용소가 생겨난 것이다. 스탈린주의 러시아는 점점 나치 독일과 닮아 갔다. 마침내 러시아는 국가자본주의로 변모했다.

11

자본주의와 군국주의

터키는 정부 예산의 절반을 군비에 지출한다. 터키는 그 지역에서 주요 군사 강국으로 성장했다. 오늘날 터키 정부는 임금 인상을 억제하고 민영화 정책을 밀어붙이는 동시에 탱크와 헬기 도입에 엄청난 돈을 퍼붓고 있다.

지난 2주 동안 사장들의 언론에서조차 군비 지출이 중요한 논쟁거리로 떠올랐다.

한 칼럼니스트는 "터키 국민 1인당 아스피린(값싼 두통약)은 0.5알인 반면 수류탄은 세 개나 된다. 1만 명당 보건소는 하나밖에 없는 반면 탱크는 두 대나 있다"고 썼다. 터키의 국민소득이 독일, 프랑스, 영국, 이탈리아보다 훨씬 낮은데도 터키군은 나토에서 미군 다음으로 규모가 크다.

군비 경제의 구실 변화

자본주의 역사에서 군수사업의 구실은 시대마다 달랐다. 자본주의가 갓 태어난 진보적 체제였을 때는 군대가 부차적 구실을 했다. 그러나 자본주의가 내리막길로 들어서면서 상황이 변했다. 1933년 독일에서는 실업자가 800만 명에 이르렀다. 그러나 몇 년 뒤에는 나치의 재무장 정책으로 실업이 사라졌다. 그 뒤 미국, 영국 등 다른 나라에서도 같은 일이 벌어졌다.

전후에는 냉전 때문에 상비군이 1920년대와 1930년대 초보다 훨씬 큰 규모로 유지됐다(물론 전시보다는 훨씬 낮은 수준이었다). 우리는 당시 이것을 '상시 군비 경제'라고 불렀다. 상시 군비 경제 덕분에 고용은 높은 수준을 유지했지만, 그것은 모순으로 가득 차 있었다. 1956년에 나는 "상시 전쟁 경제"라는 글에서 그러한 모순들을 지적했다. 군비에 투자하는 것은 완전고용을 달성할 수 있게 해 주지만, 군비에 많이 투자하는 국가는 적게 투자하는 국가보다 산업 현대화에 뒤처질 수밖에 없다. 1960년대와 1970년대 초에 이것이 명백해졌다. 예상대로 냉전과 군비 지출 덕분에 높은 수준의 고용이 유지됐다. 그러나 일본이나 서독처럼 국방비 지출이 거의 없는 나라들은 미국이나 영국보다 훨씬 쉽게 산업을 현대화할 수 있었다. 서독과 일본은 자동차 산업, 전자 산업 등 여러 부문에서 우위를 확보했다. 반면 1973년의 유가 폭등과 달러 가치 폭락으로 미국과 영국은 군사 예산을 대폭 줄여야만 했다.

자본주의와 군국주의의 관계는 단순하지 않다.

군국주의가 자본주의에 이롭다는 것은 사실이지만, 군대의 장군들 또한 그들 나름대로 사회에 강요하고자 하는 독자적 이해관계를 갖고 있다. 자본가의 이해를 관철하기 위해 고용된 조직폭력배들이 자본가를 상대로 자기들 나름대로 이해를 관철하려 하는 것과 마찬가지다. 경제는 토대고 군대와 정치는 상부구조다. 그렇지만 상부구조는 토대에 영향을 미친다. 터키의 장군들은 많은 터키 자본가들이 원하는 것보다 더 큰 규모의 군대를 유지하기 위해 싸우고 있다. 터키 북서부에서 지진이 일어났을 때 장군들은 재빠르게 군대를 현장에 투입했다. 그러나 군인들은 산 채로 파묻힌 사람들을 구조하기 위해 삽과 불도저를 가지고 현장에 나타난 것이 아니라 법과 질서를 유지하기 위해 기관총과 탱크로 무장한 채 나타났다. 장군들은 자기들 나름대로 터키의 노동계급과 피억압 민족들을 다루고 싶어 한다. 그들은 사회를 상대로 자신들의 의지를 관철하려 할 것이다.

12

민주주의 혁명인가 사회주의 혁명인가

정치적 민주주의가 없는 나라, 즉 절대군주·군사독재·파시즘·제국주의의 지배를 받는 나라에서는 당연히 민주주의가 절실히 필요하다. 그리고 우리 혁명적 사회주의자들은 민주주의를 쟁취하기 위해 열정적으로 싸운다. 자유선거를 통한 정부 선출, 언론의 자유, 집회와 결사의 자유, 민족자결권 같은 민주주의를 쟁취하기 위해서 말이다. 그러나 우리는 결코 이것만으로 만족할 수 없다.

불평등과 착취와 억압은 극소수 자본가들이 부를 독점하고 있는 한 사라지지 않는다. 생산수단의 공동소유가 실현되지 않는 한 가난한 사람과 부자 사이의 불평등은 여전할 것이다. 그뿐 아니라 노동자들 사이에서 일자리, 주택, 교육 기회 등을 둘러싼 경쟁 때문에 발생하는 노동계급 내부의 불평등 역시 사라지지 않을 것이다. 이러한 환경은 인종차별과 성차별을 조장한다.

자본가들이 부를 통제하는 사회에서는 정치적 민주주의가 불안정하며 낡은 정치 질서가 부활할 위험이 항상 존재한다. 극소수 자본가들이 물질적 생산수단은 물론 정신적 생산수단(신문, 텔레비전 등의 선전 매체)도 소유한다. 그들은 군대, 경찰, 법원 등 자본주의 국가 기구의 후원도 받는다.

오직 노동계급이 국가권력을 손에 넣었을 때만 민주적 권리들이 확실하게 보장될 수 있다.

1918년 11월의 독일 혁명은 카이저를 타도하고 제1차세계대전을 종식시켰다. 그러나 크루프, 티센 같은 대기업의 사장들은 멀쩡히 살아남았고 장군들과 반동적 군 장교들은 우익 군사 조직 자유군단을 결성했다. 독일에서도 의회와 노동자 평의회가 나란히 공존하는 이원 권력 상황이 발생했다. 어떠한 혁명도 과거의 족쇄를 단칼에 끊지는 못한다. 적어도 얼마 동안은 미래를 상징하는 새것들이 옛것들과 나란히 공존한다. 마르크스의 말을 빌리면, "죽은 세대의 전통"이 살아 있는 자들의 정신을 짓누르기 때문이다. 독일 혁명의 사례는 1789년 프랑스 혁명의 지도자였던 생쥐스트의 예언이 옳았음을 철저하게 입증해 준다. "혁명을 절반만 일으키는 사람은 자기 무덤을 파는 셈이다." 자유군단 장교들은 사회민주당 정부의 비호 아래 혁명 지도자 로자 룩셈부르크와 카를 리프크네히트를 살해했다. 혁명적 상황은 전진과 후퇴를 거듭하면서 1923년까지 지속됐지만 결국은 자본주의가 승리했다. 나치 운동은 1919년에 탄생했다. 나치는 1923년에 바이에른에서 쿠데타를 일으켰다가 '실패'했지만, 다시 때를 기다리며 준비하고 있었다. 이것은 노동자들이 놓쳐 버린 또 한 번의 기회였으며, 그들은 히틀러가 권력을 잡은 뒤에 가혹한 대가를 치러야 했다.

1930년대 프랑스에서는 노동계급의 투쟁 수위가 엄청나게 높아졌다. 1934년 2월에 시작된 투쟁이 1936년에 민중전선이 결정적 승리를 거두면서 절정에 달했다. 민중전선은 공산당·사회당과 자유주의 정당(자유주의 정당의 이름은 어처구니없게도 급진사회당이었는데, 이 당은 급진적이지도 사회주의적이지도 않았다)의 연합이었다. 수백만 명의 노동자들이 "이제 정부는 우리 것이니 공장도 우리가 차지하자"고 말했다. 1936년 6월 공장점거 물결이 일었다. 그러나 공산당과 사회당의 지도자들은 고용주들과 타협한 대로 투쟁에 제동을 걸었다. 그 뒤 공산당은 민중전선에서 쫓겨났다. 1938년에 히틀러와 뮌헨 협정을 체결한 사람은 바로 급진사회당의 달라디에였고, 1940년 이후 나치와 협력한 비시 정권의 수반 페탱 원수를 지지한 것은 1936년 위대한 민중전선의 승리를 통해 선출된 바로 그 의회였다.

인도네시아가 1949년에 네덜란드로부터 독립했을 때 인도네시아 지도자는 부르주아 민족주의자 아크멧 수카르노였다. 그의 사상은 신에 대한 믿음과 민족 단결을 강조하는 판차실라[9] 원칙에 기초한 것이었다. 불행히도 공산당은 수카르노에게 도전하지 않았으며 오히려 수카르노가 주창한 민족 단결의 필요성에 전적으로 동의했다. 그 결과 생쥐스트의 예언이 또 한 번 현실로 나타나고 말았다. 인도네시아 공산당의 당원 수는 300만 명으로 러시아 혁명 당시의 볼셰비키 당원 25만 명보다 월등히 더 많았다. 인도네시아 노동계급도 혁명 전야의 러시아 노동계급보다 더 많았다. 농민의 수도 러시아보다 더 많았다. 1965년 수카르노가 임명한 장군 수하르토가 미국, 영국 노동당 정부, 호주의 후원을 받아 쿠데타를 일으켰다. 그 결과 50만~100만 명이 학살당했다.

중동 지역에서도 사회의 기반을 뒤흔든 거대한 격변이 여러 번 있었지만 근본적 변혁에 성공하지는 못했다. 1951년 이라크의 파이살 왕이 대중 항쟁으로 쫓겨났다.[10] 이라크 공산당은 매우 강력해서 아랍 최강의 공산당이라고 해도 과언이 아니었다. 공산당은 부르주아 민족주의 정당인 바트당과 동맹을 맺었다. 스탈린주의가 지배하고 있던 이라크 공산당은 다가올 혁명이 민주주의 혁명이 될 것이라고 믿었고 따라서 노동계급과 부르주아 정당이 연

---

9 Pancasila: 인도네시아의 5대 건국 이념.

10 1958년의 오기誤記인 듯하다.

합해야 한다고 생각했다. 그렇지만 그러한 연합이 실천에서 뜻한 바는 노동계급이 부르주아 정당에 종속되는 것이었다. 공산당원들과 노동자들은 부르주아 정당과 연합한 대가를 톡톡히 치러야 했다. 사담 후세인 장군이 이끄는 바트당이 CIA의 도움을 받아 공산당원들을 대거 학살한 것이다.

이란의 노동자들은 1979년에 총파업을 일으켜 샤를 타도했다. 전국에서 쇼라(노동자 평의회)가 우후죽순처럼 생겨났다. 불행하게도 주로 친모스크바적인 투데당과 페다인으로 구성된 쇼라의 지도부는 당시 혁명이 노동자 혁명이 아닌 부르주아 민주주의 혁명이라고 판단해 이슬람 공화국 수립을 지지했다. 그 덕분에 권력을 장악한 아야톨라 호메이니는 투데당과 페다인에 감사하기는커녕 피비린내 나는 탄압으로 좌파를 사냥했다.

이 밖에도 실패한 혁명의 사례로는 1919년과 1956년의 헝가리 혁명, 1923년 독일 혁명, 1925~27년 중국 혁명, 1936년 스페인 혁명, 1968년 프랑스 혁명, 1974~75년 포르투갈 혁명 등 몇 가지 더 들 수 있다.

민주주의 혁명과 사회수의 혁명을 나란히 놓으면서 전자를 선호하는 것은 사회민주주의 지도자들만의 특징이 아니라 전 세계 스탈린주의 지도자들의 지침이 됐다.

1917년 러시아 혁명은 수많은 반쪽짜리 혁명과는 다른 예외였다.

1917년 2월 혁명은 새롭고 흥미진진한 상황을 연출했다. 차르가 퇴위하면서 몇 세기를 이어 온 군주제가 막을 내렸다. 경찰은 해체됐다. 모든 공장에서 노동자위원회가 설립됐다. 많은 군부대에서도 병사위원회가 창설됐다. 노동자·병사 소비에트가 도처에서 등장했다.

그러나 2월 혁명 뒤에도 옛 질서는 살아남아서 소비에트와 나란히 공존했다. 공장에서는 옛 소유주들과 관리자들이 그대로 지위를 유지하고 있었다. 군대는 여전히 장군들의 명령을 받고 있었다. 러시아 군대의 총사령관은 차르가 임명한 코르닐로프 장군이었다.[11] 차르 시대의 자유주의 정치인이 수반으로 있는 부르주아 정부가 소비에트 권력과 공존했다. 레닌과 트로츠키가 '이원 권력' 상황이라고 부른 이 상황은 모순으로 가득했다.

소비에트는 노동계급의 자주적 조직이었지만 그 지도자들은 부르주아지에게 계속 권력을 쥐고 있으라고 애원했다. 소비에트 대표들의 대다수는 우파 사회주의자들로서 멘셰비키나 사회혁명당 소속이었다. 이것은 우연이 아니었다. 수많은 사람들이 좌경화하는 도중에도 차르 시대의 사상적 찌꺼기를 많이 간직하고 있는 상황에서는 이것이 불가피했다. 얼마 전까지만 해도 차르와 [차르의] 전쟁을 지지했던 수많은 사람들이 왼쪽으로 한발

---

11 코르닐로프를 총사령관에 임명한 것은 7월에 임시정부 총리가 된 케렌스키였다.

움직였다고 해서 곧바로 극좌파 정당인 볼셰비키에 합류할 수는 없었던 것이다. 멘셰비키의 실세로서 부르주아 임시정부의 내무장관이 된 I G 체레텔리는 부르주아지와 타협해야 하는 이유를 이렇게 설명했다. "혁명을 위해서는 달리 방도가 없다. 우리가 모든 권력을 쥐고 있는 것도 사실이고 우리가 손가락 하나만 까딱하면 정부를 무너뜨릴 수 있는 것도 사실이지만, 그렇게 되면 혁명은 끝장날 것이다."

레닌이 스위스에서 러시아로 귀국한 4월 3일 수천 명의 노동자들과 병사들이 페트로그라드의 핀란드 역으로 그를 마중 나왔다. 당시 페트로그라드 소비에트의 의장 치혜이제는 레닌을 환영하며 이렇게 말했다. "레닌 동지, 페트로그라드 소비에트와 러시아 혁명의 이름으로 당신을 환영합니다. … 그렇지만 지금은 내우외환에 맞서 혁명을 수호하는 것이 혁명적 민주주의 세력의 최우선 과제라고 생각합니다. 이러한 과제를 위해서는 민주주의 진영의 분열이 아니라 단합이 필요합니다. 이러한 과제를 수행하는 데 당신이 우리와 함께하기를 바랍니다." 그 대답으로 레닌은 러시아 혁명이 세계혁명의 일부이며, 따라서 혁명은 계속돼야 한다고 선언했다. 레닌의 연설에 대한 멘셰비키의 반응은 지극히 적대적이었다. 전에 볼셰비키 중앙위원이었던 I P 골덴베르크는 이렇게 선언했다. "이로써 레닌은 지난 30년 동안 비어 있던 유럽의 왕좌에 오를 수 있는 후보자가 됐다. 그것은 바로 바쿠닌의 왕좌

다! 레닌의 새로운 주장은 낡은 주장, 즉 원시 아나키즘의 시대착
오적 주장을 반복하는 것일 뿐이다."

레닌은 프티부르주아 민주주의의 구현체인 멘셰비키와 사회혁
명당에 순응하지 않았다. 그는 1848년 프랑스·독일 혁명 당시 노
동계급이 프티부르주아 민주주의 진영에서 철저하게 독립해야 한
다고 강조했던 마르크스의 주장을 일관되게 밀어붙였다. 마르크
스는 이렇게 썼다. "독일 노동자들이 … 최종 승리에 도달하려면
자기 계급의 이해를 자각해야 하고, 될수록 빨리 독자적인 정치
적 견해를 가져야 하며, 단 한순간이라도 프티부르주아 민주주
의자들의 위선적인 말에 속아서 독자적으로 조직된 프롤레타리
아 정당의 필요성을 의심해서는 안 된다. 노동자들의 전투 구호는
'연속혁명'이어야 한다."

몇 일, 몇 주, 몇 개월의 폭풍 같은 사건들이 벌어진 뒤에 볼셰비
키는 마침내 노동계급의 다수를 획득하는 데 성공했다. 9월 9일에
는 볼셰비키가 페트로그라드 소비에트의 다수파가 됐고 트로츠키
가 의장으로 선출됐다. 같은 날 모스크바 소비에트에서도 볼셰비
키가 다수파가 됐다. 이때부터 1917년 11월 7일에 노동계급이 권력
을 장악하기까지는 순식간이었다.

혁명을 일으키는 것은 당이 아니라 노동계급이지만 노동계급
을 지도하는 것은 당이다. 트로츠키가 적절히 지적했듯이, "지도
하는 조직이 없다면 대중의 에너지는 피스톤 실린더를 벗어난 증

기처럼 산산이 흩어질 것이다. 그렇지만 역시 사물을 움직이는 것은 피스톤이나 실린더가 아니라 증기다."

1917년 10월 러시아 혁명과 다른 노동자 혁명의 차이점은, 노동계급을 효과적으로 지도하는 대중적 혁명정당이 존재했다는 점이다. 그것이 곧 성공과 실패를 갈랐다. 사회주의자들은 혁명적 위기가 닥치는 시기를 결정할 수는 없지만, 얼마나 강력한 혁명정당을 건설하느냐에 따라 혁명의 최종 결과를 좌우할 수는 있다.

로마 원로원의 의원이었던 카토는 언제나 "카르타고를 멸망시켜야 한다"는 말로 연설을 끝맺었다. 그리하여 로마는 마침내 카르타고를 멸망시켰다. 우리는 "혁명정당을 건설해야 한다"는 말로 문장을 끝맺어야 한다.

13

마르크스주의와 민주주의

    내 친구 터키 사회주의자들의 말에 따르면, 많은 터키인들이 자기 나라가 유럽연합에 가입하면 민주주의가 보장될 것이라고 믿는다고 한다. 이 특별한 믿음을 논박하기 전에 나는 민주주의와 사회변혁의 관계를 좀 더 일반적으로 설명하려고 한다.

    '민주주의'라는 단어는 고대 아테네에서 유래했으며 '민중의 지배'를 뜻한다. 그렇지만 아테네 민주주의에서도 노예, 여성, 외국인에게는 선거권이 허용되지 않았다.

    설령 모든 이에게 선거권이 주어진다고 해도 그것이 곧 민중의 지배를 보장해 주는 것은 아니다. 예컨대 나폴레옹 3세는 보통선거권을 이용해서 자신의 독재를 강화했다. 중앙정부가 후진적인 지방 세력을 동원해서 선진적인 파리를 공격했던 것이다. 마찬가지로 비스마르크도 독일에 보통선거를 도입해서 카이저의 권력을 강화하고 제후들과 융커들을 동원해 베를린의 사회주의자들을 공격했다.

영국, 프랑스, 독일 등의 자본주의적 민주주의 국가에서는 보통선거가 치러지고 의원들이 민주적으로 선출되지만 이것은 형식적이고 피상적인 민주주의일 뿐이다. 의원들은 선출되지만 판사, 경찰 간부, 군사령관 들은 선출되지 않는다. 무엇보다 사장들을 민주적으로 선출할 권리가 없으며 그들을 해임할 권리도 없다. 법적으로 보면 자본가와 노동자는 평등하다. 법이 "부자든 가난한 자든 공원에서 자는 것은 불법"이라고 말할 때 그들은 형식적으로는 평등하다. 마찬가지로 법이 "부자든 가난한 자든 리츠 호텔을 이용할 수 있다"고 말할 때 법은 가난한 자를 차별하지 않는다.

영국의 언론 재벌은 다른 모든 시민과 마찬가지로 선거권을 단 한 표만 행사할 수 있다. 루퍼트 머독은 거대한 언론 제국을 지배하고 있지만(그는 하루에 400만 부가 팔리는 일간지 〈선〉에다가 〈타임스〉, 방대한 발행 부수를 자랑하는 〈뉴스 오브 더 월드〉, 〈선데이 타임스〉까지 소유하고 있다), 상업적 이유로 미국 시민권을 획득했기 때문에 영국에서는 투표권이 아예 없다. 영국 노동자들은 임금의 23퍼센트를 소득세로 내고 10퍼센트를 국민보험료로 낸다. 반면 루퍼트 머독은 조세 피난처인 케이맨제도에 회사들을 등록한 덕분에 이윤의 0.5퍼센트만 세금으로 낸다. 물론 노동자와 자본가는 법적으로는 평등하다. 머독 밑에서 일하는 인쇄공이 [머독에 비해] 법적으로 불리하지 않은 것은 당연하다. 나도 82세의 노인이지만 올림픽 육상경기에 나가서 벤 존슨의 기록을 깰 자신이 있다. 훌륭한 운전기사가 모는 자동차를 타고 출전할 수만 있다면 말이다.

형식적 민주주의는 무엇보다 소수민족과 유색인종에 대한 억압을 없애지 못한다. 로디지아(지금의 짐바브웨)에서 20만 명의 백인은 민주적 권리를 누렸다. 그렇지만 백인들의 민주주의가 흑인 500만 명에 대한 억압을 없애 주지는 않았다. 오히려 백인들은 더욱 합심해서 흑인들을 억압할 수 있었다.

이스라엘이 민주주의 국가라고 해서, 바로 그 이스라엘 국가에 의해 자기 땅에서 쫓겨난 300만 명의 팔레스타인인들이 자기 땅으로 되돌아갈 권리가 있다거나 자신들의 운명을 스스로 결정할 권리가 있는 것은 아니다.

일반 대중의 민주주의가 얼마나 신장됐는지를 알고 싶으면 억압받는 사람들이 얼마만큼 실질적 권리를 획득했는지를 보면 된다. 1902년에 레닌은, 파업 노동자가 임금 인상을 요구하며 싸울 때 그는 단순히 노동조합주의자일 뿐이지만 유대인 억압에 반대하며 싸울 때는 진정한 혁명적 사회주의자라고 썼다. 레닌은 더 나아가 "우리는 억압받는 사람들의 호민관"이라고 말했다. 억압하는 민족과 억압당하는 민족이 공존하는 국가에서 억압하는 민족의 사회주의자들의 핵심 과제 중 하나는 억압당하는 민족의 자결권을 위해 투쟁하는 것이다. 억압 민족과 피억압 민족의 노동자들이 서로 단결하려면, 억압 민족의 노동자들은 피억압 민족이 독립할 권리를 강력히 지지해야 하며 거꾸로 피억압 민족의 노동자들은 억압 민족 노동자들과의 단결을 강력히 주장해야 한다.

민족 억압은 피억압 민족의 노동계급뿐 아니라 억압 민족의 노동계급에게도 피해를 입힌다. 미국의 백인 노동자들은 흑인 노동자들에 비해 상대적으로 특권을 누린다. 이것은 예컨대 뉴욕보다는 텍사스에서 훨씬 더 두드러진 현상이다. 텍사스에서는 백인 노동자가 흑인 노동자보다 나은 임금, 직업, 주거 환경을 누린다. 따라서 당연히 겉보기에는 백인 노동자들이 흑인 억압으로 이득을 얻는 듯하다. 그렇지만 텍사스 백인 노동자들의 임금, 노동조건, 주거 환경은 뉴욕의 노동자들에 비하면 훨씬 열악하다.

진정으로 활발하고 대중적인 민주주의를 구현하기 위해서는 인종, 국적, 성별을 초월한 노동자들의 단결 투쟁이 필요하다.

작년에 터키 북서부를 강타한 무시무시한 지진의 광경을 텔레비전을 통해 본 사람은 알겠지만 투르크족과 쿠르드족을 막론하고 빈민가의 집은 죄다 무너진 반면 부자들의 집은 아무런 영향도 받지 않았다. 이 사건은 무엇보다 군대의 구실을 분명하게 보여 줬다. 터키군은 나토에서 미군 다음으로 큰 군대다. 그러나 지진이 일어난 직후에 군인들은 생명을 구하기 위해 불도저를 끌고 나타난 것이 아니라 질서유지를 위해 총을 들고 나타났다.

터키가 유럽공동시장에 가입한다고 해서 노동계급의 자주적 활동을 고무하지는 않을 것이다. 마르크스주의자들에게 노동자 대중의 자주적 활동만큼 중요한 것은 없다. 물론 민주적 권리는 아무리 조그만 것이라도 소중히 여겨야 한다. 그러나 진정한 대중적 민주주의는 오직 대중행동을 통해서만 성취할 수 있다. 마르크스도 말했듯이 "노동계급의 해방은 노동계급 자신의 행동으로 성취하는 것이다."

제도 교육에서는 언제나 역사가 위로부터 만들어진다고 가르친다. 학교에서 우리는 위대한 왕과 황제, 장군 들의 역사를 배웠다. 그래서 사람들은 터키 총리가 토니 블레어, 게르하르트 슈뢰더, 리오넬 조스팽과 같은 테이블에 앉으면 터키의 민주주의가 강화될 것이라는 환상을 가질 수 있지만 우리는 이러한 환상을 깨뜨려야만 한다.

노동자들은 역사의 무대 뒤편에서 책략을 부리는 방식으로는 권력을 획득할 수 없다. 그것은 오직 계급투쟁을 통해서만 가능하다.

14

세계혁명은 가능한가?

오늘날 한국의 산업 노동계급은 1883년 마르크스 사망 당시의 세계 노동계급보다 더 많다. 오늘날 노동자들은 농민보다 수가 많다. 또한 노동계급의 사회적·정치적 힘은 농민 대중과는 비교가 되지 않을 만큼 거대하다. 노동자들은 거대한 생산 단위들로 밀집돼 있어서, 어떤 경우에는 수만 명의 노동자들이 같은 회사에서 일하기도 한다. 반면에 농민은 분산돼 있고 원자화돼 있다. 모든 농민 가족은 조그마한 땅을 일구며 고립된 채로 살아간다.

마르크스는 생산력이 낮은 생산관계, 즉 낡은 경제구조와 충돌할 때 혁명이 필요해진다고 주장했다.

자본주의 역사의 여명기에 자본가계급은 봉건제의 굴레를 타파한 진보적이고 혁명적인 세력이었다. 영국의 부르주아지는 17세기에 혁명을 일으켜 자신들의 경제·사회·정치적 지배를 확립했다. 18세기 프랑스에서도 같은 일이 일어났다. 프랑스 혁명 몇 년 전에는 아메리카 대륙의 영국 식민지에서 자본가들이 독립을 선언하고 자신들의 지배를 확립했다. 이렇게 해서 미국이 탄생했다.

오늘날 자본주의 생산관계가 생산력의 발전을 가로막고 있다는 것은 명백하다. 수억 명의 사람들이 집을 마련할 수 없어서 고생하는 판에 수십만에서 수백만 명의 건설 노동자들은 실업으로 고생하고 있는 현실이 이를 증명한다. 수많은 사람들이 식량이 부족해서가 아니라 식량을 살 돈이 없어서 굶주리고 있다. 내가 몇 년 전에 들은 이야기는 이처럼 황당한 현실을 잘 보여 준다. 한겨울에 어느 아이가 아버지에게 말한다. "추워 죽겠어요. 불 좀 때면 안 될까요?" 아버지는 대답한다. "석탄을 사야 하는데, 돈이 없구나." 아이는 질문한다. "아빠는 왜 돈이 없어요?" 아버지는 "일자리를 잃었으니까" 하고 대답한다. "왜 일자리를 잃었어요?" "바보 같은 녀석아, 그것도 모르니? 아빠는 광산에서 일했는데 석탄이 너무 많이 생산돼서 쫓겨난 거야."

부르주아지가 봉건귀족을 이긴 것은 절대적 필연이었다. 부르주아지는 봉건귀족과 공존하면서 귀족들에게 이렇게 말했다. "우리는 당신들보다 부자인 데다가 점점 더 부유해지고 있지만 당신들은 점점 더 가난해지고 있다. 경제적으로 어려워진 귀족들이 흔히 우리 딸들과 결혼해서 자기네 귀족 혈통과 우리의 재력을 융합하려고 애쓰는 것을 보라. 이런 사실이 우리가 우월하다는 증거다. 당신들에게는 성경이 있지만, 우리에게는 백과사전이 있다. 당신들에게는 교회가 있지만, 우리에게는 대학이 있다. 당신들에게는 성직자들이 있지만, 우리에게는 교수들이 있다. 당신들이 우리 계급에게 미치는 영향력보다 우리가 당신네 계급에게 미치는 영향력이 훨씬 더 크다." 프랑스 혁명 전야에 열린 삼부회는 이를 분명하게 보여 줬다. 삼부회는 세 신분, 즉 귀족, 성직자, 자본가(중간계급)로 나뉘어 있었다. 투표를 할 때면 앞의 두 신분 대표의 일부가 제3신분 쪽으로 넘어왔다.

자본가와 노동자의 관계는 봉건귀족과 자본가의 관계와 근본적으로 다르다. 노동자가 자본가에게 이렇게 말할 수는 없는 노릇이다. "당신은 공장, 은행, 조선소를 소유하고 있지만 우리가 소유한 것은, 음 …. 당신은 돈이 궁하더라도 딸을 노동자에게 시집보내려 하지는 않겠지." 〈선〉은 매일 400만 부씩 주로 노동자들에게 팔리지만 사회주의 신문을 사서 보는 자본가가 과연 있을지는 의심스럽다. 그렇기 때문에 노동자들이 모든 혁명에서 승리하리라는 보장은 없다. 마르크스가 말했듯이 "어느 사회나 지배적 사상은 지배계급의 사상이다." 마르크스는 또한 공산주의자들이 노동계급의 국제적·역사적 경험을 일반화해야 한다고 썼다. 오늘날 파리코뮌이나 1905년과 1917년 러시아 혁명 같은 역사적 사건을 직접 경험해 본 사람은 아무도 없다. 혁명정당은 노동계급의 기억이자 학교다. 그러므로 모든 혁명에서 노동자들이 반드시 승리한다는 보장은 없다.

세계혁명이 가능하냐는 질문에 대한 답은 그것이 가능할 뿐 아니라 필연적이라는 것이다. 세계 자본주의 체제는 여러 국민국가들의 고리로 이어진 사슬과 같다. 압력이 극에 달하면 여러 고리 중 하나는 끊어지기 마련이다. 고리가 하나 끊어지면 다른 고리들에도 영향을 미치게 된다. 1917년 러시아 혁명은 세계혁명의 시작이었다. 러시아 혁명에 이어 1918년에 독일 혁명이 일어났고, 1919년에는 오스트리아-헝가리 제국에서 혁명이 일어났으며, 1920~21년에는 이탈리아에서 거대한 공장점거 운동이 전개됐고, 계속된 독일 혁명은 1923년 말에 절정에 달했다. 각국에서 공산당이 급속히 성장했다. 1916년에 전쟁에 반대하는 사회주의자들의 모임이 치머발트에서 열렸을 때 로자 룩셈부르크는 "국제 반전 운동 세력을 다 합쳐 봐야 마차 몇 대 정도밖에 안 되는 지경이 됐다"고 역설적 논평을 했다. 그러나 1920년에 독일 공산당은 당원 수가 50만 명이었고 프랑스 공산당은 20만 명, 이탈리아 공산당도 그와 비슷했다.

세계혁명이 일어나는 것이 불가피하다고 해서 세계혁명의 승리가 필연인 것은 아니다.

느리게 돌아가는 1930년대

약 10년 전에 나는 1930년대의 필름이 느리게 돌아가는 듯한 시기가 시작됐다고 주장했다. 세계경제는 침체에 빠졌지만 1929~33년 대공황보다는 훨씬 덜하다. 당시 독일에는 800만 명이나 되는 실업자가 있었고 실업수당이 없었다. 오늘날 독일에는 실업자가 400만 명이고 실업수당이 영국의 평균임금보다 높다. 르펜이 히틀러를 흉내 내고 있기는 하지만 르펜에 대한 지지는 히틀러에 대한 지지보다 비할 바 없이 미약하다. 1933년에 히틀러는 1300만 표를 얻었을 뿐 아니라 노동자 조직들을 박살 내기 위해 조직된 수만 명의 무장한 나치인 돌격대를 거느리고 있었다. 프랑스 국민전선은 이런 조직을 전혀 갖추지 못했다. 국민전선에 대한 지지는 훨씬 더 미약하다. 1995년 11~12월에 일어난 대중 파업 때문에 국민전선 지지자들은 뿔뿔이 흩어졌다. 이 때문에 국민전선은 분열했고 르펜은 잔류 세력으로 남아 있다.

그러나 1930년대를 암흑시대로만 여기는 것은 실수일 것이다. 독일 노동계급이 히틀러에게 패배한 것은 엄청난 재앙이었고 이를 과소평가해서는 안 된다. 그렇지만 그와 동시에 1936년 6월에는 혁명을 방불케 하는 거대한 공장점거 운동이 프랑스를 휩쓸었다. 비극적이게도 파업 지도부였던 공산당과 사회당이 자유주의 정당과 손잡고 노동자들의 투쟁을 억제했다. 민중전선이라는 이름으로 연합한 이들은 3년 뒤에 페탱 원수가 나치와 협력하는 것을 지지했다.

1930년대는 극단의 10년이었다. 중립을 지키려는 것은 사실상 반동 세력을 도울 뿐이었다. 1930년대의 필름이 느리지만 다시 돌아가고 있다는 것은, 필름을 멈추고 우리가 원하는 방향으로 끌고 갈 수 있는 기회가 훨씬 더 커졌음을 뜻한다. 그러기 위해서 가장 중요한 것은 혁명정당을 건설하는 일이다. 트로츠키가 썼듯이 대중의 투쟁은 증기와 같고 혁명정당은 기계를 움직이는 피스톤과 같다. 증기 없는 피스톤이 쓸모없는 고철인 것처럼 피스톤 없는 증기는 부질없이 공중으로 흩어지는 기체에 지나지 않는다.

이 장의 제목에 대한 답을 몇 마디로 요약하자면 이렇다. 세계 혁명은 가능할 뿐 아니라 불가피하지만 그 승리는 결코 필연적이지 않다.

후기: 나는 이 글을 다시 읽으면서 혹시 사람들이 마르크스주의를 독단적인 역사적 철칙들의 모음으로 오해하지 않을까 하는 걱정이 들었다. 사실 마르크스는 역사에서 우연이 차지하는 비중이 크다는 점을 항상 인식하고 있었다. 만약 레닌이 1917년에 러시아로 돌아가기 전에 사망했다면 그것이 볼셰비키와 러시아 혁명사에 미친 영향은 대단히 컸을 것이다.

우연은 역사 발전을 가속할 수도 있다. 작년에 터키 북서부에서 일어난 지진을 예로 들어 보자. 투르크족 노동자들이 살던 판자촌과 최근에 터키 남동부에서 온 쿠르드족 난민 노동자들이 살고 있던 판자촌은 모두 지진으로 폭삭 무너졌다. 반면에 튼튼하게 지은 부자들의 집은 지진에도 끄떡없이 잘 버텼다. 혁명적 사회주의자들은 이처럼 우연한 사건을 계기로 계급이 사회의 중심적 분할이며, 투르크족과 쿠르드족 노동자들은 형제자매임을 주장할 수도 있을 것이다.

15

새천년 — 희망과 절망의 갈림길에서

1848년에 카를 마르크스와 프리드리히 엥겔스가 쓴 《공산당 선언》은 이렇게 선언한다.

지금까지 존재한 모든 사회의 역사는 계급투쟁의 역사다. 자유민과 노예, 귀족과 평민, 영주와 농노, 장인과 직인, 한마디로 억압하는 자와 억압당하는 자들은 언제나 서로 적대했으며, 때로는 공공연하게 때로는 은밀하게 끊임없이 싸워 왔다. 그러한 투쟁은 언제나 그 사회의 혁명적 재편으로 이어지거나 아니면 투쟁하는 계급들의 공멸로 끝났다.

스파르타쿠스가 이끈 노예 반란을 비롯해서 모든 노예 반란은 결국 패배로 끝났다. 그렇다고 해서 로마제국의 노예제가 언제까지나 지속된 것은 아니었다. 노예는 농노로 대체됐다. 노예제가 막을 내리고 봉건제가 등장했다. 이 과정은 게르만족이 로마제국을 침략하면서 더욱 빨라졌다.

한편, 봉건제가 자본주의로 이행한 과정을 마치 물 흐르듯 순조로웠던 것처럼 여기기 쉽다. 역사책을 읽다 보면 봉건제에 관한 장은 30분 만에 해치운 뒤 곧바로 자본주의에 관한 장으로 넘어갈 수 있다. 그러나 그 이행 과정은 결코 순탄하지 않았으며 모순으로 가득했다. 유럽에서 봉건제는 1000년 이상 살아남았다. 쇠퇴해 가는 봉건제 사회의 틈새로 자본주의가 고개를 내밀면서 시작된 이행 과정은 결코 단선적 발전의 역사가 아니었다. 사실, 아랍의 식민지였던 11세기의 스페인이 14세기의 스페인보다 훨씬 더 발달해 있었다. 또한 독일에서는 17세기에 일어난 30년전쟁(1618~48년)으로 인구의 거의 절반이 몰살당했다.

시간이 흘러도 봉건제의 끔찍한 현실은 변하지 않았다. 1000년 동안 봉건영주들은 자신의 영지에 사는 젊은 여성들을 마음대로 유린할 수 있었다. 농노에 대한 억압은 대단히 오랫동안 지속됐고, 그중에서도 여성 농노들이 가장 가혹한 억압을 겪었다.

자본주의는 지금까지 존재한 어떤 경제·사회 체제보다도 훨씬 역동적인 체제다. 그래서 자본주의의 극단적 면모는 과거 어느 때보다도 두드러진다. 자본주의는 생산력을 크게 발전시켜 모든 사람이 물질적 풍요를 누릴 수 있게 만들었다. 그러나 동시에 자본주의 사회는 서로 경쟁하는 여러 자본가들과 자본주의 국가들로 갈라져 있다. 제너럴모터스와 포드는 서로 경쟁하느라 노동자들을 더 심하게 착취하지 않으면 안 된다. 각각의 기업에서 노동자들에게 가해지는 압제는 자본가들 사이의 무질서한 경쟁이 초래한 결과다. 엄청난 부와 끔찍한 빈곤이 공존하고 있다. 기근은 수천 년 동안 인류가 겪어 온, 그다지 새로울 것도 없는 현상이다. 그러나 옛날에는 먹을 것이 충분히 없었기 때문에 사람들이 굶주렸지만 오늘날에는 한쪽에서 수백만 명이 굶주리는 동안 다른 한쪽에서는 남아도는 식량이 썩고 있다. 이러한 극단적 사례는 또 있다. 해마다 약 2000만 명의 어린이가 깨끗한 물을 마시지 못해 사망하는 것으로 추정된다. 세계 최대 부자인 빌 게이츠가 한 해에 벌어들이는 이윤으로 우물을 파고 수도관을 만들면 모든 어린이에게 깨끗한 물을 충분히 공급할 수 있다. 단 1년 치 이윤으로!

자본가들 사이의 경쟁은 경제적 형태뿐 아니라 군사적 형태를 취하기도 한다.

제1차세계대전이 발발했을 때 폴란드·독일 출신의 위대한 혁명가인 로자 룩셈부르크는 인류가 직면한 선택이 "사회주의 아니면 야만"이라고 말했다.

야만에 대해서는 룩셈부르크보다 우리가 훨씬 더 많이 알고 있다. 그녀는 유대인 수용소의 가스실, 히로시마와 나가사키에 떨어진 핵폭탄이 만들어지기 훨씬 전인 1919년에 살해당했다.

1990년대 초에 나는 1990년대의 유럽이 마치 느리게 돌아가는 1930년대의 필름 같다고 주장했다.

지난 20년 동안 세계경제는 세 번의 침체에 빠졌다. 그러나 1929~33년의 대공황에 비하면 약과였다. 유럽의 극우 파시즘 운동이 성장한 것은 사실이다. 그러나 르펜은 히틀러에 비하면 보잘것없는 존재다. 분명 르펜의 국민전선은 히틀러가 얻은 1300만 표만큼은 아니지만 500만 명의 유권자들에게 지지받았다. 그렇지만 지지자들의 질적 차이가 매우 크다는 것 또한 분명하다. 히틀러는 공황으로 모든 것을 잃은 프티부르주아지의 광분을 등에 업고 권좌에 올랐다. 르펜의 지지 세력은 그 정도로 광분한 것은 아니다. 히틀러는 1933년 1월에 총리가 되기 전에도 무장 돌격대를 거느리고 있었다. 반면 르펜 지지자들은 여기저기서 이주민들을 물리적으로 공격하는 정도다.

동전의 다른 측면인 노동자 투쟁도 1930년대보다는 약하다. 분명 프랑스에서는 1990년대에 계급투쟁의 수위가 상승했다. 그렇지만 1995년 12월의 대중 파업조차 1936년 6월의 대중적 공장 점거 운동에는 비할 바가 못 된다.

1990년대가 느리게 돌아가는 1930년대의 필름 같다는 것은 무엇보다도 필름이 빠른 속도로 돌아갈 때에 비해 필름을 멈출 수 있는 기회가 더 많다는 것을 뜻한다.

더 중요한 사실은 노동계급 내부의 정치적 상황이 1930년대에 비해 혁명가들에게 훨씬 유리하다는 것이다. 1930년대에는 스탈린주의 정당들이 전 유럽의 좌파를 지배했다. 히틀러의 승리는 얼마든지 막을 수 있었다. 트로츠키는 독일의 공산당과 사회민주당이 공동전선으로 뭉쳐서 히틀러를 저지해야 한다는 주장을 훌륭하게 전개했다. 이것은 충분히 가능했다. 일단 사회민주당의 800만 표와 공산당의 600만 표를 합치면 나치의 득표수보다 많았다. 훨씬 더 중요한 것은 노동자 정당 지지자들과 나치 지지자들의 질적 차이였다. 트로츠키는 노동자 정당들은 공장, 철도 등의 현장에서 엄청난 힘을 발휘할 수 있는 반면 나치 지지자들은 "인간 먼지", 즉 고립된 개인들에 불과하다고 설명했다. 히틀러가 결국 승리할 수 있었던 것은 스탈린주의 정책이 공동전선을 막았기 때문이다. 스탈린은 사회민주당을 '사회파시스트' 세력으로 규정했다.

1936년에 프랑스를 뒤흔든 공장점거 운동은 프랑스뿐 아니라 다른 곳(예컨대 독일)에서 프롤레타리아 혁명을 촉발하는 도화선이 될 수도 있었다. 그러나 스탈린주의자들은 자유주의 정당과 연합해야 한다고 주장하면서 스탈린의 대외 정책에 유리하게 행동했다. 그 결과, 민중전선의 깃발 아래 1936년 5월에 선출된 프랑스 의회는 1940년에 페탱 원수를 정부 수반으로 선출했고 페탱은 나치 독일에 협력했다.

오늘날 유럽에서 스탈린주의 정당들은 러시아와 동유럽의 국가자본주의 체제가 붕괴한 이후 완전히 몰락했다. 이제 혁명가들이 활동할 수 있는 여지는 대단히 넓다.

새천년은 우리에게 희망을 제시하는 동시에 위험을 경고하고 있다. 우리가 살고 있는 시대는 극단적 가능성과 극단적 위험이 공존하는 극단의 시대다. 우리는 철학자 스피노자의 지혜로운 충고를 따라야 한다. 스피노자는 "기뻐하지도 슬퍼하지도 말고 다만 이해하라"고 썼다. 우리는 극단적 가능성이 공존하는 시대에 살고 있다.

《공산당 선언》은 노동계급이 자본주의의 무덤을 파는 계급이라고 묘사했다. 오늘날의 국제 노동계급은 《공산당 선언》이 출판됐을 당시의 노동계급과는 비교가 안 될 만큼 강력해졌다. 한국의 산업 노동계급만 해도 1883년 마르크스 사망 당시의 전 세계 노동계급을 모두 합친 것보다 더 많다. 우리에게는 쟁취할 세계가 있다.

[1999년 11월] 시애틀 전투는 자본주의 기업들에 대한 대중의 분노를 잘 보여 줬다. 독일에서 널리 읽히는 주간지 〈슈피겔〉은 시애틀 시위에 관한 논평에서 새천년은 자본주의에 맞선 전쟁으로 시작될 것임을 시사한다고 썼다. 오랫동안 반자본주의라는 단어는 소규모 혁명 조직에서나 쓰이는 생소한 단어였다. 그것이 이제는 수많은 사람들의 공용어가 됐다.

옮긴이 후기

마르크스가 다시 한 번 '힙'^{hip}해지고 있다. 1930년대 대공황 이래 최악의 경제 위기를 배경으로 "마르크스가 옳았다"는 외침이 주류 경제학계에서도 터져 나오더니, 급기야 독일에서는 마르크스의 얼굴이 새겨진 신용카드까지 출시됐다(세상의 모든 것을 상품화하는 자본주의의 속성을 일찍이 간파한 마르크스 자신도 이런 사태는 미처 예상하지 못했으리라). 이 세상이 뭔가 단단히 잘못됐다고 생각하고 그래서 어떻게든 세상을 바꿔 볼 요량으로 고민하는 사람이 늘어나고 있다는 사실의 방증일 것이다.

세상을 바꾸는 방법을 둘러싸고 재벌 개혁부터 협동조합에 이르기까지 수많은 논의들이 있지만 대부분 마르크스주의적 관점을 결여하고 있다. 달리 말하면 이 사회의 총체적 작동 방식에 대한 이해가 빠져 있다는 말인데, 이는 그러한 논의들이 총체적 사회변혁을 염두에 두지 않은 채(또는 포기한 채) 기존 사회의 틀 안에서 소소한 변화를 추구하는 것과 무관하지 않다. 반대로 마르크스주의적 논의들은 대부분 현 체제의 작동 방식을 이론적으로 설명하는 데만 초점을 맞추고, 세상을 바꾸는 방법에 관한 실천적 논의는 등한시한다. 그러나 본디 마르크스주의에서 '이론'과 '실천'은 서로 분리된 것이 아니다. 마르크스가 《자본론》에서 자본주의를 누구보다 명쾌하게 설명한 것은 오로지 자본주의 타도라는 실천을 위해서였다. 이론 없는 실천이 눈감고 차는 프리킥이라면 실천 없는 이론은 공을 차 본 적도 없는 사람의 축구 해설과 같다(그나마 전자가 득점으로 이어질 가능성이라도 있다는 점에서 좀 더 낫지만 말이다).

이 책의 두드러진 점은 바로 마르크스주의의 이론과 실천이라는 두 측면을 통일적으로, 그것도 초심자들이 이해하기 쉽게 보여 준다는 데 있다. 이는 무엇보다 저자인 토니 클리프 자신이 마르크스주의 이론과 실천의 통일을 온몸으로 보여 준 혁명가였기 때문이다. 이 대목에서 저자의 파란만장한 라이프 스토리를 소개하지 않을 수 없다.

토니 클리프(본명: 이가엘 글룩스타인)는 러시아 혁명의 해인 1917년 팔레스타인의 유대인 집안에서 태어났다. 10대 시절인

1932년에 《공산당 선언》과 《자본론》을 읽고 공산주의자가 됐다. 그러나 당시의 국제 공산주의 운동은 스탈린이 심각하게 왜곡한 마르크스주의에 기초하고 있었다. 이에 환멸을 느낀 클리프는 스탈린이 서방 첩자라는 누명을 씌워 추방한 러시아 혁명가 레온 트로츠키의 사상을 받아들였다. 1930년대 후반부터는 팔레스타인에서 트로츠키주의 단체를 건설하는 데 심혈을 기울였다. 부모에게 물려받은 시오니즘 사상마저 벗어던지고 아랍인과 유대인이 함께하는 소규모 단체를 힘겹게 이끌어 갔다. 제2차세계대전 초에는 영국 식민 당국에 체포돼 옥고를 치르기도 했다. 한마디로 이 시절의 그는 철저한 아웃사이더였다. 국제 공산주의 운동에서 '왕따'당하던 트로츠키주의자였고, 팔레스타인에서 시오니즘을 배신한 유대인이었다.

제2차세계대전 종전 직후 클리프는 팔레스타인을 떠나기로 결심하고 1946년에 동지이자 부인인 하니 로젠버그와 함께 영국으로 이주했다. 제국주의의 핵심 국가에서 혁명 조직을 만들겠다는 것이 그의 목표였다. 당시 영국 정부는 개혁주의 정당인 노동당의 역사에서 절정기라고 하는 애틀리 정부였는데, 이 개혁주의 정부가 클리프의 이민을 불허한 탓에 그는 5년 동안 아일랜드에서 망명 생활을 해야 했고 이후 평생 동안 영국을 벗어나지 못한 채 무국적자 신분으로 살아야 했다. 영국에서 그는 '정설' 트로츠키주의 조직인 제4인터내셔널 영국 지부에 가입했다. 그러나 이내 소련 사회의 성격을 둘러싸고 이견이 생긴 클리프는 조직 내에서 일대 논쟁을 벌인 끝에 1950년에 축출당했다. '정설' 트로츠키주의자들은 트로츠키의 견해를 따라 러시아가 1917년 혁명 이후 관료적으로 변질됐지만 여전히 노동자 국가라고 본 반면, 클리프는 러시아가 관료적으로 변질된 정도가 아니라 아예 서방 자본주의와 본질적으로 다를 바 없는 국가자본주의로 둔갑했다고 봤다. 따라서 소련 국가도 서방 국가들과 꼭 마찬가지로 노동자들이 혁명으로 타도해야 할 대상이며, 스탈린식 '일국 사회주의'가 아니라 전 세계로 확산되는 '국제 사회주의'만이 진정한 인류 해방을 가져다줄 수 있다는 것이 그의 결론이었다.

축출과 동시에 그는 《소셜리스트 리뷰》라는 월간지를 중심으로 수십 명 규모의 독자적 트로츠키주의 조직을 결성했다. 국제 공산주의 운동의 '이단'이었던 트로츠키주의 운동 내에서도 또 다른 이단의 길을 택한 것이다. 당시 혁명을 꿈꾸던 사람들에게 소련은 가톨릭으로 치면 교황청과 같은 존재였으니, 감히 소련을 자본주의라 칭한 클리프류의 트로츠키주의자들은 신성모독죄로 화형감이었을 것이다. 그만큼 《소셜리스트 리뷰》 그룹은 철저히 고립돼 있었다.

그러나 1960년대가 되자 상황이 급반전됐다. 핵무기철폐운동 CND이 뜨면서 완전히 새로운 세대의 청년들이 운동에 입문했다. 이들은 '미국도 소련도 아닌 국제 사회주의'라는 클리프의 주장

을 열린 마음으로 경청할 수 있는 세대였다. 이제 국제사회주의
자들IS로 이름을 바꾼 클리프의 조직은 이 같은 급진화의 물결
을 타고 수백 명 규모로 불어났다. 1968년 학생 반란과 반전운동,
1972년과 1974년의 광원 파업 등을 거치면서 1977년 무렵에는
회원 수가 3000명으로 성장했다. 이때부터 국제사회주의자들은
사회주의노동자당SWP이라는 이름으로 줄곧 활동해 왔다. 사회주
의노동자당은 1970년대의 반파시즘 운동에서 눈부신 활약을 했
고 1980년대의 엄혹한 대처 집권기에도 조직세를 유지했을 뿐 아
니라 심지어 조금 성장하기까지 했다.

1990년대 초 베를린 장벽이 무너지고 소련이 몰락하자 그때까
지 소련을 모종의 대안으로 여겼던 전 세계 대다수 좌파들은 그
만, 멘탈이 붕괴하고 말았다. 그러나 애당초 소련에 환상이 전혀
없었던 사회주의노동자당과 전 세계 국제사회주의경향 자매 조직
들에게는 소련 몰락이 절호의 기회였다. 클리프 자신도 "진정한
마르크스주의의 부활을 위한 최대 걸림돌이 제거됐다"며 소련 몰
락을 반겼다. 그러나 사회주의노동자당이 옳았음이 입증됐다 해
서 진정한 마르크스주의가 곧바로 시대 정신이 되는 것은 아니라
는 점이 금세 드러났다. 오히려 1990년대는 "시장경제 외에 대안
은 없다"는 음울한 메시지가 득세한 시기였다.

1999년 시애틀의 WTO 반대 시위를 계기로 다시 새로운 저항
의 물결이 일기 시작했다. 시애틀에서 탄생해 2001년 이탈리아

제노바에서 정점을 찍은 반자본주의 운동은 9·11 테러로 잠시 주춤했으나 이내 역사상 최대 규모의 반전운동으로 환생했다. 사회주의노동자당도 당연히 이 흐름에 온몸으로 동참했다. 미국이 아프가니스탄을 침공한 2001년에는 그 유명한 전쟁저지연합Stop the War Coalition의 결성을 주도했다. 2008년에 닥친 대불황 이후로는 영국 정부의 긴축정책과 등록금 인상에 맞선 학생 시위와 노조 파업에서도 중추적 구실을 해 오고 있다.

안타깝게도 클리프는 2000년에 심장병으로 생을 마감했기에 이후 사회주의노동자당의 활약상을 보지 못했다. 향년 82세로 숨을 거두는 순간까지 그는 사회주의노동자당의 핵심 리더였다. 사회주의노동자당의 초기 세대 당원들이 회고하는 클리프의 모습에는 몇 가지 일관된 테마가 있다. 첫째는 독립적이고 유연한 사고다. 그의 인생 역정을 보면 알 수 있듯이 그는 어떤 도그마에도 구애받지 않는 진정 자유로운 두뇌였고 자신의 동지들에게도 그러한 사고를 장려했다. 역설이지만 클리프의 유연한 사고야말로 그가 '노동계급의 자기 해방'이라는 마르크스주의 사상의 정수를 다른 어떤 교조주의자보다 충실히 보존할 수 있었던 비결이다.

둘째, 클리프는 모든 종류의 위계질서를 혐오했다. 그래서 리더로서의 위신이나 특권 따위는 일절 내세우지 않고 당원 한 명 한 명을 끔찍이 챙겼다. 이 점에서 그는 레닌(스탈린주의나 반공주의 신화 속의 레닌이 아니라 실존 인물로서의 레닌)의 판박이였다. 마르크스주의의 핵심 가치가 민주주의라면 그는 마르크스주의를 철저히 실천한 셈이다. 그의 소통 방식도 마찬가지로 민주적이었다. 즉, 누구나 알아들을 수 있는 비유와 유머를 곁들여 설명하고 주장하는 것이 클리프의 스타일이었다. 그는 아무리 복잡한 정치적 논점도 촌철살인의 농담 한마디로 청중의 뇌리에 각인시키는 능력이 있었다. 그러나 타고난 달변이 아니었던 클리프가 이런 능력을 개발할 수 있었던 것은 오직 설득을 통해 지도하는 민주적 실천 덕분이었다. 한국에서는 좌파들의 대중적 소통 능력 부재가 오래된 화두인데, 어쩌면 좌파들이 어설픈 언어 순화 노력으로 진땀 빼는 것보다는 민주적 실천을 강화하는 것이 근본적 해결책일지도 모르겠다.

셋째, 클리프는 이른바 디테일에 강했다. 그는 핵심 간부들에게 매일같이 전화를 걸어 일의 진척 상황을 꼼꼼히 확인하곤 했다. 토론회 조직자들에게 토론회 장소의 의자 개수까지 확인하며 세심한 조언을 하기도 했다. 디테일에 대한 강조는 그의 여러 저서에서도 드러난다. 소련에 대한 일말의 미련을 버리지 못하던 사람들도 그의 책《소련 국가자본주의》[국역:《소련은 과연 사회주의였는가》, 책갈피, 2011]에 제시된 무자비할 정도로 풍부한 디테일에는 마침내 굴복하고 말았다고 한다.

물론 클리프에게도 약점이 없지는 않았다. 때때로 그는 너무 조급한 나머지 충분한 설득 없이 자신이 옳다고 생각하는 방향으로 주변 사람들을 몰아치기도 했다. 그러나 이런 조급증조차 클리프가 지닌 훨씬 더 긍정적인 측면의 동전 뒷면이라 할 수 있다. 혁명정당 건설이라는 목표를 향해 자신의 모든 것을 쏟아붓는 어마어마한 집념과 추진력 말이다. 그가 짊어졌던 역사적 과업의 무게를 감안할 때, 어찌 보면 병적이라 할 수 있는 그의 집념은 불가피한 멍에였는지 모른다.

이 책에는 혁명가의 외길을 걸은 저자가 평생 체득한 이론적·실천적 통찰이 고스란히 녹아 있다. 여기서는 두 가지만 강조하고 싶다. 하나는 진정한 마르크스주의 전통에 대한 클리프의 가장 중요한 이론적 기여라고 할 수 있는 국가자본주의 이론이다. "소련도 결국 다른 자본주의 국가들과 똑같이 억압적 체제였다"는, 돌이켜 보면 새삼스럽지도 않은 얘기를 이제 와서 굳이 왜 하냐고 반문하는 독자들도 있을 것이다. 그러나 우리의 목적이 단지 냉소하는 것이 아니라 세상을 바꾸는 것이라면, 러시아 혁명으로 탄생한 노동자 국가가 어떻게 그 정반대의 것으로 변질됐는지를 이해하는 것은 필수적이다. 무상 급식이든 반값 등록금이든 이 사회의 진보적 요구들은 하나같이 평등을 염원하는 요구다. 그런데 우파들은 지나친 평등이 도리어 끔찍하게 불평등한 소련과 북한 등의 전체주의 체제로 귀결됐다는 얼토당토않은 궤변을 늘어놓는다. 이런 궤변에 맞서 평등과 정의의 이념을 일관되게 옹호하려면 국가자본주의 이론이 필요하다. 또한 여전히 '종북주의' 딱지가 좌파를 탄압하는 전가의 보도 구실을 하는 남한에서 좌파가 북한의 3대 세습 문제에 침묵하지 않고 오히려 남한의 '종박'주의자들이야말로 북한 관료들과 훨씬 더 닮았다는 사실을, 〈조선일보〉가 〈조선중앙통신〉과 훨씬 더 닮았다는 사실을 당당히 지적하기 위해서도 국가자본주의 이론이 필요하다.

다른 하나는 혁명정당의 필요성이다. 클리프는 "사람들이 이렇게 멍청한데 어떻게 세상이 바뀔 수 있겠어?" 하는, 흔히 일반인과 좌파가 똑같이 늘어놓는 해묵은 한탄에 대해 가장 명쾌한 답변을 들려준다. 또한 산전수전 다 겪은 실천가답게 좌파들을 항상 괴롭히는 양극단의 유혹, 즉 기회주의(원칙을 저버리고 대세에 영합하는 것)와 종파주의(자신과 노선이 다른 세력과는 일체의 타협을 거부하면서 고고하게 원칙만을 내세우는 것)의 함정에 빠지지 않는 법도 알려 준다.

옮긴이 후기가 터무니없이 길어진 것 같다. 부디 즐독하시기 바라며, 한 사람이라도 더 이 책을 읽고 혁명운동에 동참하게 된다면 10여 년 전 군 복무 중에 황금 같은 개인 시간 반납하며 이 책을 번역한 나의 수고가 헛되지 않을 것이다.

2012년 9월 5일

천경록

찾아보기